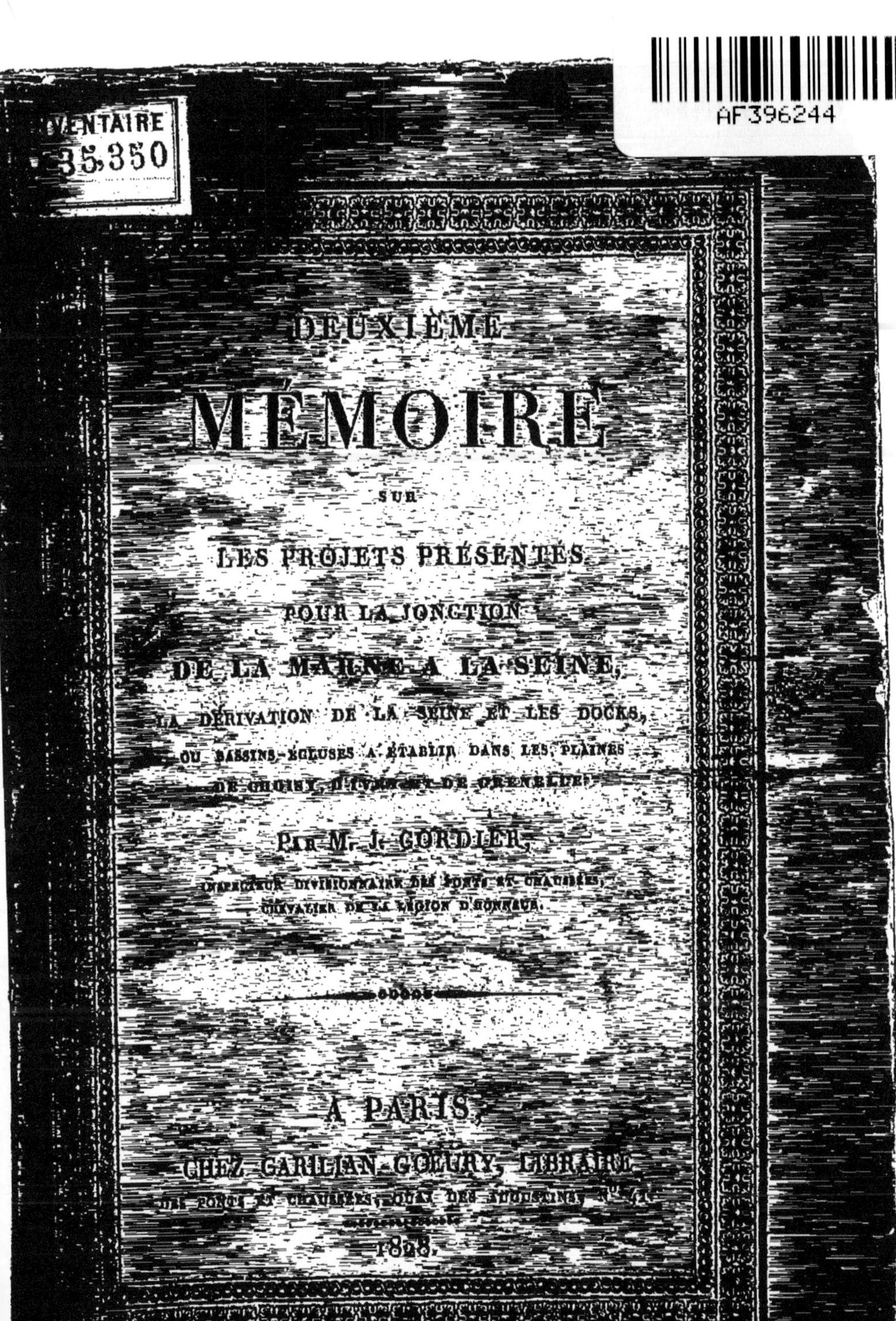

DEUXIÈME
MÉMOIRE

SUR

LES PROJETS PRÉSENTÉS

POUR LA JONCTION

DE LA MARNE A LA SEINE,

LA DÉRIVATION DE LA SEINE ET LES DOCKS,

OU BASSINS-ÉCLUSES A ÉTABLIR DANS LES PLAINES

DE CHOISY, D'IVRY ET DE GRENELLE;

Par M. J. CORDIER,

INSPECTEUR DIVISIONNAIRE DES PONTS ET CHAUSSÉES,
CHEVALIER DE LA LÉGION D'HONNEUR.

A PARIS,

CHEZ CARILIAN-GŒURY, LIBRAIRE

DES PONTS ET CHAUSSÉES, QUAI DES AUGUSTINS, N° 41.

1828.

l'etat du ciel tel qui s'offrait aux yeux des habitans de l'Egypte , huit siècles au moins avant notre ère, lorsque le *colure* (1) *solsticial* coupait le cancer vers son milieu (2).

19. *Opinion de M. de Paravey.*

M. DE PARAVEY , membre du corps royal du génie des Ponts-et-Chaussées , a publié (Paris 1822) *de nouvelles considérations sur le planisphère de Dendéra*, où il cherche à démontrer que nonobstant les calculs de M. Biot, et en employant le système de projection indiqué par M. Delambre, ce monument n'offre autre chose que la sphère d'Hipparque, telle qu'elle est figurée sur le le globe Farnèse.

(1) Chacun des deux grands cercles qui coupent l'équateur à angles droits.

(2) M. Francœur dit en rendant compte de cet ouvrage, que ce sentiment est adopté par la majorité des personnes qui se sont occupées de la question.

comme un simple calendrier sur lequel on aurait tracé les années solaire, rurale, civile ou religieuse , et il n'en fait remonter l'antiquité qu'au temps de Bocchoris , 770 ans avant notre ère.

Parmi les savans étrangers , M. l'*abbé Testa* a donné une dissertation sur le Zodiaque de Dendéra.

M. SICKLER en a donné une autre dans l'*Algmeine litteratur Zeitung* de Halle.

On composerait un volume des titres seuls de tous les opuscules auxquels ce monument a donné naissance. Je crois que l'exposé succinct que je viens de donner des principales opinions qui y sont relatives, suffira pour les personnes qui ne veulent pas faire de cet objet de curiosité, une étude approfondie.

21. *Résumé.*

Il est aujourd'hui à peu près démontré que le temple de Dendéra est postérieur au

DEUXIÈME
MÉMOIRE

POUR LA JONCTION

DE LA MARNE A LA SEINE.

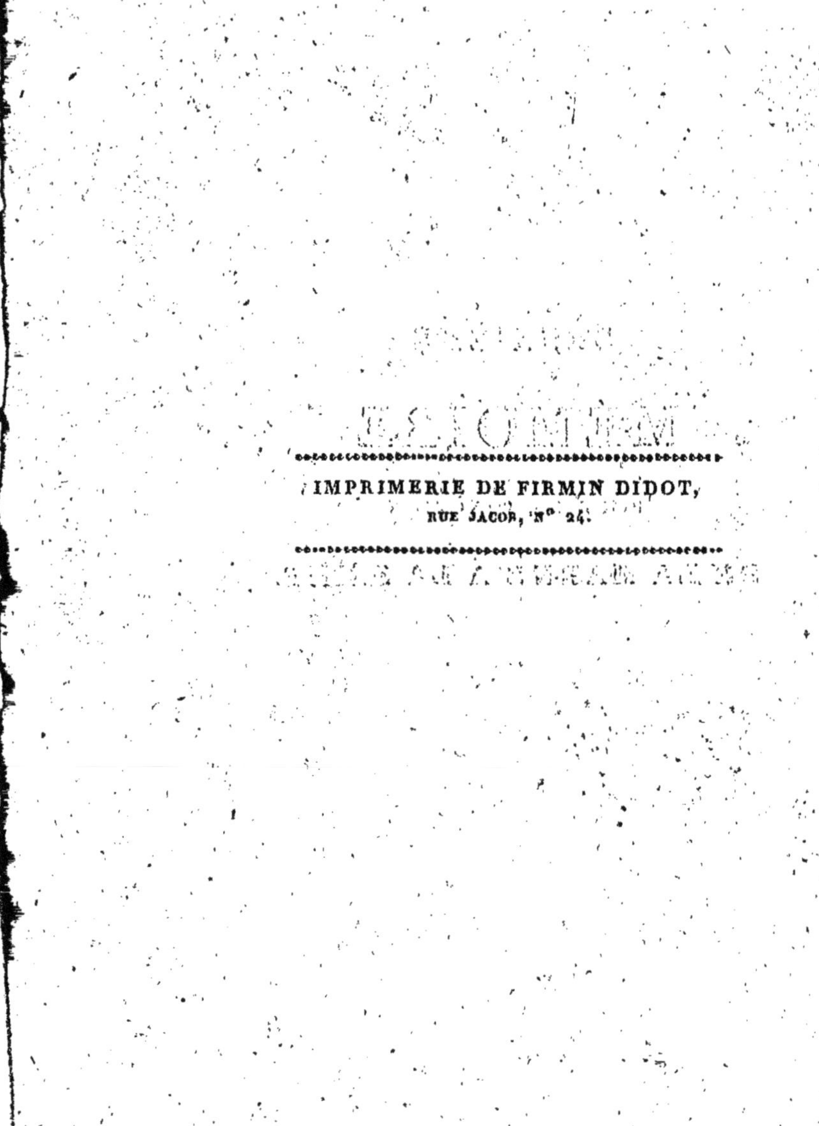

IMPRIMERIE DE FIRMIN DIDOT,
RUE JACOB, N° 24.

DEUXIÈME

MÉMOIRE

SUR

LES PROJETS PRÉSENTÉS

POUR LA JONCTION

DE LA MARNE A LA SEINE,

LA DÉRIVATION DE LA SEINE ET LES DOCKS,

OU BASSINS-ÉCLUSES A ÉTABLIR DANS LES PLAINES

DE CHOISY, D'IVRY ET DE GRENELLE.

Par M. J. CORDIER,

INSPECTEUR DIVISIONNAIRE DES PONTS ET CHAUSSÉES,
CHEVALIER DE LA LÉGION D'HONNEUR.

A PARIS,

CHEZ CARILIAN-GOEURY, LIBRAIRE

DES PONTS ET CHAUSSÉES, QUAI DES AUGUSTINS, N° 41.

1828.

CONSIDÉRATIONS

SUR

LES TRAVAUX PUBLICS ET LES DOCKS D'IVRY.

En France, la plupart des améliorations sont à peine commencées ; la navigation naturelle reste imparfaite ; nos rivières, dans l'état primitif, ferment, pour ainsi dire, les canaux qu'elles devraient réunir. Le pays, pour le prix d'immenses sacrifices, sera appelé à ne réaliser que des pertes, jusqu'à ce que les principales lignes de navigation aient été achevées.

Le sol, sous le poids des contributions et d'une rente élevée, produit plus chèrement que les terres d'Allemagne, d'Amérique et des bords de la mer Noire, plus fertiles, moins imposées et de moindre valeur. Nous ne pouvons vendre au dehors que des vins ; et la quantité exportée doit diminuer par les droits des douanes étrangères, et par l'extension au dehors de cette culture que les tarifs excessifs favorisent.

(2)

D'autre part, la difficulté des communications par eau augmentant les frais de transport ainsi que le prix des matières premières et des marchandises fabriquées, nous sommes exposés à perdre successivement nos plus belles fabriques et les branches de commerce acquises par les talents de nos manufacturiers, ou à trop produire et à ne pouvoir fournir que notre consommation intérieure.

En continuant d'ajourner les améliorations, lorsque nos rivaux avancent rapidement, il serait difficile de payer, même dans la paix, le budget d'un milliard, et surtout d'acquitter les dépenses extraordinaires que la guerre ne manque jamais d'occasioner. Nous marchons donc à une ruine prochaine.

Avec le temps, nos meilleures institutions ont été altérées. Au lieu d'honorer le travail comme autrefois, on a cherché à le flétrir; on a porté la corruption jusque dans la loi; on a condamné aux travaux forcés, comme la plus humiliante punition, les soldats coupables; on a considéré l'occupation comme une dégradation de l'homme libre.

Ce n'est point par une semblable législation que nos grands princes ont étendu les limites de la France, et fondé sa prospérité et sa grandeur, en immortalisant leurs règnes. Henri IV et Louis XIV employaient l'armée dans la paix à des travaux publics, ils prenaient plaisir à visiter les troupes campées près des ateliers, à les récompenser de leur zèle, et les préparaient à des campagnes glorieuses par des ouvrages utiles.

Ils encourageaient de même les entreprises nécessaires à la prospérité, par des dons considérables, des prêts, des lettres de noblesse, et en assuraient le succès en désignant pour surveillants et arbitres les plus grands personnages des provinces, des archevêques, des maréchaux de France, etc., etc.

Cette auguste protection déterminait des princes du sang, des archevêques, etc., à demander en leur nom la concession des ouvrages; elle fit triompher le célèbre adjudicataire du canal de Languedoc, des oppositions que l'envie infatigable lui suscitait journellement.

Des concessions perpétuelles, des avances de fonds, des récompenses honorifiques, des commissaires choisis comme arbitres parmi les hommes les plus honorables, telles sont les bases de notre ancienne et de toute bonne législation des travaux publics.

Depuis quarante années, cette législation n'a été modifiée que pour sacrifier l'intérêt public aux intérêts privés; pour asservir la France à la puissance de la centralisation. On semblait repousser par des conditions hostiles, injustes, l'intervention des hommes honorables et des compagnies; on abandonnait le sort des travaux au pouvoir des obstacles; et on est arrivé à épuiser les ressources publiques, à repousser les compagnies exécutantes, et à différer de plus en plus les ouvrages d'amélioration.

Il est à remarquer que l'on a essayé depuis 5o ans de toutes les méthodes, excepté de la seule bonne, efficace, justifiée en France par d'anciens et éclatants succès.

Tantôt le gouvernement, exécutant lui-même et pour son propre compte, a donné la préférence aux projets gigantesques, aux ouvrages de luxe; plus il dépensait, et moins il était en état de dépenser; ces travaux ne rendant jamais l'intérêt des fonds. D'ailleurs, à chaque changement d'administration, d'administrateurs, les projets commencés étaient modifiés et à la fin abandonnés.

Tantôt l'État empruntait des fonds et conservait à sa charge la direction des travaux et la responsabilité des pertes; système onéreux pour le trésor, mais favorable aux prêteurs qui, en réalisant des bénéfices certains, ont encore l'honneur d'attacher leurs noms à des monuments publics.

Tantôt on abandonnait les concessions à des hommes imprudents, sans expérience, et on

leur imposait des projets et des conditions difficiles. Mais alors les ouvrages coûtant plus que les
évaluations, rendant moins que les promesses
ou ne s'achevant point, compromettent la fortune des actionnaires trop crédules, qui accusent
l'administration d'avoir, par ses traités, recom-
mandé à la confiance publique des entreprises
hasardeuses.

Il est résulté de ces systèmes différents, con-
traires même, que l'administration, après bien
des délais, a été forcée d'avoir recours à des
compagnies exécutantes, et de leur abandonner
les entreprises et toutes les avances premières :
ainsi tout ce qui s'est fait sans leur intervention
a été perte pour le public, qui rembourse par
les impôts les erreurs et supporte les inconvénients des retards.

Dans le silence et le vague de la loi, l'administration qui peut donner à son gré les concessions, est exposée à refuser des compagnies res-
pectables et à préférer des hommes sans garantie.

Le seul moyen de prévenir ces graves inconvénients, et de hâter l'exécution des travaux
nécessaires, c'est de déclarer qu'après une en-
quête publique on accordera à perpétuité et
sans adjudication la concession des canaux aux
compagnies de propriétaires et de capitalistes qui
souscriront préalablement la totalité des fonds.

Les capitaux étant assurés, le public a la certitude d'en voir l'exécution et la fin.

Chacun s'inscrivant selon sa volonté ou ses ressources, personne n'obtient de préférence et n'est exclu des entreprises.

Les directeurs, administrateurs, étant nommés par tous, la responsabilité retombe en entier sur les actionnaires. Aucun d'eux n'a droit de se plaindre des erreurs ou de l'incapacité des agents, puisque chacun conserve son influence dans la délibération, la surveillance et sa portion d'autorité dans le choix et l'exécution des projets.

Telle est la marche adoptée par l'Angleterre, qui a su puiser dans les édits de Henri IV et de Louis XIV les principes de sa législation. Les concessions sont données à perpétuité aux propriétaires et capitalistes, qui souscrivent librement et dirigent eux-mêmes la comptabilité de l'entreprise. Des commissaires, désignés par l'acte du parlement parmi les hommes les plus recommandables, sont obligés d'être jurés ou arbitres, et de se réunir aussi souvent qu'il est nécessaire, sous peine d'amende, pour régler les contestations entre la société des actionnaires et les propriétaires dépossédés.

Ces associations nombreuses ont établi tous les canaux, docks, routes en fer ou en cailloutis, ponts de la Grande-Bretagne, évalués à plus de quatre milliards; elles ont créé la prospérité et la puissance de ce royaume, en donnant, par la facilité des communications, l'économie dans la fabrication, et le monopole du commerce. Ces avantages appartiendront toujours au pays le mieux administré, le mieux percé de canaux et de routes, où les progrès de l'industrie et le perfectionnement des lois attirent les capitalistes et les capitaux, et font baisser l'intérêt des fonds, où l'on fabrique ainsi à plus bas prix.

Les travaux publics, en Angleterre, sont à ce point en honneur, qu'il n'est pas un homme élevé en dignité, ou distingué par ses talents, pas un membre du parlement qui n'ait un intérêt dans des entreprises publiques et n'en connaisse bien les détails. Il en résulte que les discussions dans les chambres sont comprises, approfondies, et que les lois se trouvent exemptes d'imperfection et de l'influence des préjugés.

Lorsque le projet de pont sous la Tamise fut proposé, le premier ministre de la Grande-Bretagne réunit l'ingénieur et de grands propriétaires et capitalistes, et en quelques heures les cinq millions, montant de la souscription, furent souscrits. Après les premiers accidents de la Tonnelle, et lorsque les premiers fonds se trouvèrent épuisés, ce même ministre présida une nouvelle réunion, et, dans une séance, on souscrivit encore un secours de cinq millions.

Il en a été de même pour les travaux des docks, qui ont coûté plusieurs centaines de millions.

En Belgique, le roi prend à son compte une partie des actions des canaux entrepris, ou fait avancer les trois quarts des fonds par la banque, dont il est le principal actionnaire; ainsi le concessionnaire qui offre la garantie d'un quart de la dépense à faire, trouve le reste des capitaux, et a la certitude d'achever les travaux autorisés.

En Amérique, les principaux propriétaires se mettent de même à la tête des entreprises d'utilité publique, s'y livrent avec zèle, et obtiennent, en se rendant utiles, une popularité qui les porte aux premiers emplois.

Tous ces travaux multipliés ont pour résultats d'occuper les classes ouvrières; de leur procurer de l'aisance; d'améliorer les communications; de réduire les prix de fabrication; de développer l'industrie agricole et manufacturière; et d'accroître la puissance publique et la supériorité sur les autres états.

Au milieu de ce mouvement rapide de prospérité en Europe et en Amérique, la France pourrait-elle plus long-tems rester stationnaire, après avoir donné l'exemple des améliorations? En quelques années nous perdrions les branches de commerce qui nous restent encore, nous serions repoussés des marchés étrangers et comme refoulés dans nos frontières.

Nous ne manquons ni d'hommes, ni d'argent, ni d'occasions de les employer utilement. La capitale renferme seule les moyens de créer les améliorations nécessaires à la France; d'ailleurs notre pacte fondamental, par l'influence de la liberté qu'il garantit, et de la sécurité nécessaire au commerce qu'il assure, doit attirer de plus en plus sur notre sol les richesses de l'Europe. Nous ne sommes arrêtés dans nos prospérités que par les obstacles qui nous viennent ou de lois incomplètes, obscures, contradictoires, ou des préjugés que l'immense majorité de la France repousse, ou des personnes influentes qui croient de bonne foi pouvoir, sans sortir des barrières, inventer l'expérience des temps et des peuples.

Nous le répétons encore; notre législation des travaux publics s'oppose aux perfectionnements nécessaires, elle repousse l'intervention des grands propriétaires; elle semble ne vouloir que des compagnies sans garanties pour assurer l'influence de la centralisation; tout est au dedans arbitraire; au dehors, obstacle et danger. Un seul détenteur de terrains, un seul agent secondaire peut retarder et compromettre, par contrariété, des entreprises destinées à enrichir des provinces. La puissance même du gouvernement, appelée par les suffrages du pays, vient se briser contre des oppositions subalternes, mais persévérantes.

On a pu dire, et chaque jour on entend répéter que le sol et les fabriques produisent trop ; il serait plus juste d'assurer qu'ils produisent trop peu, puisque la moitié de la population est réduite à de mauvais vêtements et à une nourriture grossière. Sachons enrichir le peuple en lui procurant du travail, en ouvrant sur beaucoup de points de grands ateliers ; la France alors consommera tout ce qu'elle produit, et les cultivateurs et les fabricants jouiront d'une prospérité extraordinaire.

Le département de la Seine est celui où l'on compte un plus grand nombre d'ouvriers sans travail, où cette classe sera plus malheureuse cet hiver, par la cherté des subsistances. Ce n'est point par des secours en argent, mais en ouvrant de grands ateliers qu'on peut leur être réellement utiles. Car les aumônes corrompent par l'oisiveté qu'elles encouragent ; elles dégradent les ouvriers valides, et leur préparent mille maux lorsque les distributions viennent à manquer.

Le projet proposé occuperait plusieurs années six mille hommes, et contribuerait à mettre dans l'aisance ce nombre de familles. Exécuté d'après le système que nous présentons, il servirait d'exemple pour le succès d'entreprises semblables qui ont été présentées, adoptées, et qui sont réclamées dans l'intérieur.

Nous proposons d'organiser deux compagnies; l'une serait chargée à ses risques et périls de l'exécution des travaux, pour une somme déterminée et invariable, quelle que fût l'augmentation des dépenses de construction, d'achat des terrains; la seconde compagnie se composerait de bailleurs de fonds, actionnaires et propriétaires des terrains et des revenus du canal.

Comme les propriétaires du sol et des fabriques qui s'intéressent à des entreprises ont rarement des capitaux libres, et dans les temps difficiles surtout où l'agriculture et le commerce souffrent, il nous semble indispensable que le trésor avance aux concessionnaires des canaux, moitié des fonds avec intérêt de trois et $\frac{1}{2}$ pour cent, en exigeant la double garantie des souscripteurs et des travaux en construction d'une valeur toujours plus grande que la moitié des avances faites.

Un tel encouragement, qui ne coûterait aucun sacrifice à l'État, des fonds lui étant offerts à discrétion à trois pour cent, hâterait l'exécution de tous les travaux nécessaires aux départements.

Si l'administration n'accordait pas des avances comme les gouvernements de la Belgique, des États-Unis d'Amérique, et les grands capitalistes d'Angleterre, elle exposerait le pays à une gêne progressive, et le commerce à des banqueroutes nombreuses, toujours funestes au trésor par la réduction des recettes.

On objectera que le ministre des finances n'aurait pas les moyens de s'assurer si les souscripteurs, si les travaux offrent les garanties suffisantes, si les fonds prêtés ne seraient pas compromis. On pourrait remédier à ces inconvénients, et aux embarras des recherches sur la solvabilité des concessionnaires, en créant une compagnie de banquiers, associés dans le double but de servir de caution au trésor et aux entrepreneurs, et de contribuer par leur intervention à la prospérité et à la puissance du pays. Nous avons une si haute opinion du patriotisme des banquiers et capitalistes français, que nous croyons pouvoir assurer qu'ils s'empresseront de souscrire un pareil engagement, si les résultats leur paraissent probables.

Il serait alloué, pour le remboursement des frais d'investigation, de recherches et d'employés, un intérêt sur les sommes prêtées.

Le trésor n'ayant de relation qu'avec l'association des banquiers, ne courrait aucune chance de perte ; il ne prêterait aux compagnies que sous la responsabilité de la société des capitalistes chargée de s'assurer de la solvabilité des soumissionnaires et des probabilités de succès des travaux.

D'autres combinaisons, meilleures sans doute, pourront être présentées ; mais du moins chacun paraît d'accord sur ce point, qu'il est impossible d'ajourner plus long-tems les améliorations demandées par la France ; que des retards entraîneraient la ruine des grandes fabriques, et de cent mille familles.

Il nous semble que c'est à Paris où de nouveaux exemples de grands travaux doivent être donnés ; les succès obtenus sous les yeux des personnes qui possèdent les capitaux et les grandes propriétés du royaume, détermineraient l'exécution d'entreprises utiles dans les divers arrondissements. Le gouvernement pourrait considérer le projet présenté comme un exemple à donner pour l'organisation de deux associations semblables, destinées à concourir au succès d'un même ouvrage.

Nous avons décrit les avantages principaux du projet (1) de la Marne à la Seine, passant

---

(1) Premier Mémoire sur les projets présentés pour la jonction de la Marne à la Seine, etc.

dans les plaines d'Ivry et de Grenelle; nous avons fait voir qu'il servirait à prévenir les inondations de la haute Seine; à établir une communication entre les plaines d'Ivry et de Grenelle, en évitant seize ponts; à donner des bassins intérieurs et des chutes; à élever les eaux dans les divers quartiers du faubourg Saint-Germain; à perfectionner la navigation entre le nord et l'est, le midi et l'ouest; à procurer des gares spacieuses où les bateaux seraient affranchis de tout danger et des frais de déplacement; et à faciliter l'exploitation des carrières, le transport des pierres qui encombrent maintenant les routes et les rues, détruisent les chaussées, et compromettent la vie des personnes qui vont à pied.

L'entreprise des docks, qui se compose de la seconde partie du projet général, aurait particulièrement pour résultats :

1° De perfectionner la navigation de la haute Seine, d'empêcher les interruptions dans les arrivages, d'assurer les approvisionnements de la capitale en toute saison;

2° De prévenir les embarras et les dépenses pour le chargement et le déchargement des bateaux et radeaux, d'affranchir les ouvriers des ports de l'inconvénient de travailler dans l'eau en hiver;

3° De donner des eaux salubres et courantes

aux faubourgs Saint-Marceau et Saint-Germain;

4° De faciliter l'enlèvement des décombres et d'assainir la ville de Paris;

5° D'affranchir la plaine d'Ivry et les quartiers bas, des inondations de la Seine, en permettant d'enlever l'estacade intérieure au moyen des nouveaux bassins et ports;

6° De créer une cité nouvelle où l'on bâtirait des entrepôts et des magasins de marchandises dont Paris n'est pas long-temps approvisionné;

7° De procurer au commerce les ports qui deviendront plus nécessaires à l'ouverture des canaux de Bourgogne, de Monsieur et du Nivernais ;

8° De créer sur la rive gauche de la Seine une navigation nouvelle, aussi avantageuse aux quartiers de Saint-Marceau et de Saint-Germain que les canaux de l'Ourcq, de Saint-Denis et de Saint-Martin, sont utiles à la rive droite.

Les avantages de ces travaux ont été constatés par les demandes d'un grand nombre de propriétaires de la plaine d'Ivry et du faubourg Saint-Germain; mais il paraît et juste que l'administration qui a fait payer les dépenses des travaux de la rive droite par tous les habitants de Paris, contribue de même à l'exécution des ouvrages de la rive gauche, réclamés par les propriétaires de cette rive, afin de donner au canal de plus grandes dimensions.

On répète, avec autant de légèreté que d'injustice, que les Français manquent d'esprit public, de persévérance et des qualités solides qui portent aux associations et aux entreprises utiles. Les faits chaque jour démentent ces reproches hasardés; il n'est point de pays où l'on trouve plus de sentiments généreux, élevés, plus d'enthousiasme pour les grandes choses. Le seul obstacle au bien est tout entier dans le système administratif qui étouffe l'élan et décourage les personnes les plus dévouées à la prospérité publique. Un exemple en fait foi.

En quelques jours des propriétaires et banquiers de Paris, voulant contribuer à l'exécution des grands travaux, ont souscrit une somme très-considérable pour entreprendre, à leurs frais et périls, un canal navigable. Cependant, cet ouvrage nécessaire à la prospérité du commerce de la capitale et de la France, voté par des conseils généraux, réclamé par les députations de quatre départements, par les chambres de commerce de Paris et d'autres grandes villes, approuvé par les ministres de la guerre et de l'intérieur, qui ne doit coûter aucun sacrifice à l'État, est depuis trois ans suspendu par suite des conflits d'administrations. Telle est la puissance des obstacles, d'un seul obstacle même; telle est l'imperfection de notre législation, que tous les capitaux engagés dans cette entreprise sanctionnée par une ordonnance royale rendue en vertu d'une loi, sont presque compromis par ces retards; la loi est précise, les droits ne sont pas contestés, tout le monde est d'accord, mais personne ne prononce, et les intéressés se trouvent victimes des inconvénients d'une législation plus mauvaise que dans les siècles les plus reculés.

Averti par cette expérience et par tant d'autres, nous croyons que, malgré les avantages du projet des docks d'Ivry, les actionnaires ne doivent s'engager que lorsqu'ils auront l'assurance d'obtenir l'assentiment du gouvernement, sa protection et toute garantie.

Il dépend du gouvernement de faire exécuter sans sacrifices les canaux et autres améliorations qui manquent à la France; et tout donne lieu d'espérer qu'une législation fixe, complète, satisfera les vœux et les besoins du pays, et que les propriétaires et capitalistes recevront du gouvernement les encouragements et tout l'appui nécessaires pour entreprendre les ouvrages utiles.

DÉPENSES ET PRODUITS

DES

DOCKS OU BASSINS,

ET DU CANAL DE NAVIGATION

DE LA MARNE A LA SEINE,

DANS LA PLAINE D'IVRY.

Les projets proposés pour la jonction de la Marne à la Seine, la dérivation de la Seine et les docks ou bassins éclusés avec magasins aux abords à établir dans les plaines de Choisy, d'Ivry et de Grenelle, ayant paru trop étendus et au-dessus des ressources et de la responsabilité d'une compagnie, on s'est déterminé à diviser l'entreprise en quatre parties; savoir: 1° le canal de la Marne à la Seine; 2° le canal avec docks à ouvrir dans la plaine d'Ivry; 3° le canal entre les docks et le Jardin des Plantes; 4° le canal depuis la gare jusqu'à Grenelle et à Sèvres.

La seconde partie, où toutes les autres se rattachent et qui en est comme le nœud, fera seule l'objet de la concession actuelle; on en indiquera les dispositions principales, les dimensions, les dépenses, les revenus et les moyens d'exécution.

DESCRIPTION DES DOCKS D'IVRY.

La prise d'eau dans la Seine sera faite dans le parc, à l'aval du port à l'Anglais, par une écluse à sas, et avec une écluse de prise d'eau à trois passages.

La longueur totale du canal de l'entrée en Seine à la sortie est de...... 3210 mèt.

La largeur totale des docks, y compris les terrains des rues, quais, magasins et l'île, est ensemble de..... 500 mèt.

Le canal de navigation est divisé en trois bassins; le premier, au sud, a 600 mèt. de longueur sur 180 mèt. de largeur, avec l'île de 60 mèt. de largeur au couronnement.

La nappe d'eau avec le sol de l'île est de .... 14$^{\text{hect.}}$80

Le deuxième bassin, au centre, a 900 mètres de long sur 180 mètres de largeur, avec l'île de 60 mètres de largeur.

La nappe d'eau avec l'île est de 16   20

Le troisième bassin, au nord, y compris le bassin polygonal, a 950 mètres de longueur sur 180 mètres

A reporter........ 31$^{\text{hect.}}$ »

Report............... 31[hect.]

de largeur, avec l'île de 60 mètres
de largeur.

La nappe d'eau avec l'île est de. 19   20

Total de la surface intérieure des
bassins et de l'île.............. 50[hect.] 20

Ce qui donne, pour la surface des eaux et de
l'île, 502,000 mètres carrés, ou en arpents de
Paris environ 150.

Les talus intérieurs ont 2 mèt. de base pour
1 mèt. de hauteur. Le tirant d'eau est de 4 mèt.

Deux dérivations partent du troisième dock;
l'une, oblique au bassin, a 600 mèt. de longueur,
sur 40 mèt. de largeur, et se termine par un sas
de 4 mèt. 50 cent. de chute; l'autre, partant du
bassin polygonal, a 400 mèt. de longueur sur 40
de largeur.

La surface des terrains nécessaires à l'entreprise se divise ainsi :

	hect.	arp.
Eaux, digues et île.......	55 env.	165
Routes pavées et rues.....	15	45
Magasins, maisons........	55	165
Total.....	125	375

Toutes les terres des déblais seront portées

en remblais sur les digues, pour les élever au-dessus de la ligne des plus fortes inondations.

Il sera construit à chaque extrémité une écluse à sas en maçonnerie, de dimensions plus grandes que celles des bateaux les plus longs et les plus larges, avec trois écluses simples de décharge.

À chaque écluse on posera des portes tournantes pour donner des chasses et enlever les sables déposés pendant les grandes crues.

Près des ports et sur divers points, il sera établi des quais en charpente, ayant 920 mètres de développement, destinés à faciliter le chargement et le déchargement des bateaux.

On posera des routes en fer pour conduire plus facilement à quai les marchandises.

Le bassin placé avant l'écluse de sortie sera bordé, sur tout le pourtour, d'un quai en maçonnerie de moellon avec mortier de chaux et sable.

On construira un pont tournant sur chacune des deux écluses, deux autres ponts mobiles sur le grand dock ou bassin, huit ponts fixes en charpente, et huit maisons d'éclusiers et de pontoniers près de ces ouvrages.

De chaque côté des canaux et docks et sur tout leur développement, on établira une route en pavés de grès, de 6 mètres de largeur de chaussée, qui aura 8,020 mètres de long, et servira à l'exploitation des chantiers, magasins, etc.

Une machine à vapeur de la force de quarante chevaux sera employée à faire les épuisements pendant l'exécution des travaux ; à remplir les docks dans les sécheresses ; et à distribuer des eaux à tous les établissements qui s'élèveront sur les bords des canaux.

DÉPENSES.

Les travaux d'art, de terrassement, de route, de machines, les plantations et toutes les dépenses accidentelles et accessoires s'élèveront ensemble à la somme de....... 5,500,000 fr.

125 hect. de terrain à 36,000 fr. l'hectare font................. 4,500,000

TOTAL........ 10,000,000 fr.

Le projet complet comprenant les plans, devis, détail estimatif, est terminé et sera déposé chez le notaire de la société ; une compagnie exécutante s'engagera à faire la totalité des ouvrages et à se rendre responsable des travaux pendant trois ans pour la somme fixée plus haut à 5,500,000 fr., y compris les frais de conduite des ouvrages et toute charge quelconque : et avec les terrains dix millions ; les actionnaires pourront être appelés à contribuer au-delà de cette somme.

VALEUR DES TERRAINS.

Le canal, les docks, l'île, comprenant ensemble une surface de..... 55 hect.
Les routes et rues ensemble..... 15

En tout............ 70 hect.

Il restera à louer ou à vendre
pour magasins, chantiers, maisons... 55 hect.
Ou en arpents de Paris environ... 165 arp.

Comme les terrains des entrepôts se trouve-
ront à proximité des docks, et plus élevés que
le niveau des plus grandes eaux; qu'ils seront
desservis par des chemins pavés allant à Paris,
à Charenton, Villejuif, et communiquant à
toutes les grandes routes du royaume, on es-
time que l'arpent se vendra à raison de 60,000 fr.
et se louera 3,000 fr. 165 à ce prix donneront
en capital......................... 9,000,000 fr.
et en intérêt........................ 495,000

On pense que les travaux pourraient être
achevés en trois années, en sorte qu'après cette
contre période les intérêts des fonds augmente-
raient progressivement.

REVENUS PROBABLES DU CANAL.

DROITS DE STATIONNEMENT.

La superficie des canaux, docks et île, est ensemble de 500,000 mètres; on suppose que le canal sera au cinquième plein, et qu'il y stationnera 700 bateaux de 150 mètres carrés, payant, d'après le tarif des autres gares, 4 centimes par mètre carré et par jour, ou 6, fr. par jour, ensemble 4,200 fr. et pour 365 jours.   1,500,000 fr.

Diminuant de moitié pour les abonnements................   766,533 fr.

DROITS DE PASSAGE.

Il arrive à Paris par la haute Seine, chaque année, environ 1,600,000 tonneaux, d'après des états officiels; les droits de passage aux écluses étant fixés par les autres tarifs, terme réduit, à dix centimes, et pour les deux écluses à 20 centimes; si on suppose que 500,000 tonneaux passent dans les docks, le produit annuel sera de................   100,000 fr.

Location des terrains........   495,000

Total....... 1,261,000 fr.

A retrancher pour l'entretien des travaux, le paiement des agents, les intérêts arriérés, les frais de la machine à vapeur, les non valeurs, ensemble........   261,000 fr.

Reste......... 1,000,000

C'est à dire un revenu net de dix pour cent du capital employé.

OBSERVATION

SUR LE PLACEMENT DES FONDS EN CANAUX.

Pendant la paix les capitaux et les richesses s'accumulant de plus en plus, le prix des propriétés doit augmenter et le revenu diminuer progressivement.

Des fonds placés en rentes, produisant toujours un égal intérêt, ne participent point à ce mouvement progressif, et se trouvent compromis par des guerres ou des crises même apparentes ou éloignées.

De tous les placements, les actions des canaux donnent le plus de chances de bénéfices; parce que les produits croissent avec la population, le commerce. Ils ne subissent même que peu d'altération dans les années de guerre; car alors les transports par les canaux intérieurs remplacent en partie les expéditions maritimes.

On pourrait citer des canaux qui donnent 10, 20, 30, jusqu'à cent pour cent de revenu.

Pendant les douze dernières années, beaucoup de spéculations n'ont pas réussi, parce qu'elles étaient mal combinées, incertaines ou confiées à des personnes peu expérimentées; les entreprises des canaux ont été en général plus productives. Appuyés des résultats de plusieurs expériences, nous avons la persuasion que les bénéfices des docks dépasseront les calculs présentés plus haut, et qu'aucun placement ne saurait donner plus de garantie et de bénéfices.

Les entreprises d'utilité publique procurent cet avantage, qu'en occupant les classes nombreuses d'ouvriers, on contribue à étendre la prospérité nationale et à s'instruire de détails utiles qui trouvent de nombreuses applications particulières.

Le père de famille qui place sa fortune dans les fonds publics, chez des banquiers, des notaires, expose l'avenir de ses enfants à mille chances aventureuses; il s'affranchit, il est vrai, de toute charge publique, mais il reste étranger aux intérêts du pays qu'il n'est pas même appelé à connaître, et il laisse une fortune mobilière que des héritiers prodigues peuvent dépenser avec autant de facilité et de rapidité que des revenus.

Plus les spéculations de terrains ont été nombreuses, et en général, malheureuses, plus on a de certitude qu'une entreprise de canal n'appellera que peu d'opposants, et qu'on exécutera les docks sans difficulté; d'ailleurs l'emplacement choisi est le seul qui puisse convenir, et les propriétaires d'une grande quantité de terrains dans la plaine d'Ivry offrent d'entrer dans l'association. On a donc déjà les principaux moyens d'exécution du projet des docks.

Quoique les docks ne comprennent qu'une des quatre parties du projet général, ce premier travail n'exclut point les autres; on est au contraire certain d'obtenir de plus grands bénéfices, lorsqu'on donnera plus d'extension aux travaux.

AVANTAGES GÉNÉRAUX PROCURÉS PAR LES DOCKS D'IVRY.

La navigation de la haute Seine étant imparfaite et souvent interrompue, les approvisionnements de la capitale ne sont ni réguliers, ni assurés; le prix des marchandises les plus usuelles, comme le charbon, le bois, les vins, etc., varie de 15 à 20 pour 100, à quelques mois d'intervalle; les négociants ne peuvent les livrer à jour fixe; ce qui donne lieu à beaucoup de procès, et à de grandes pertes qui retombent sur les fabricants et les consommateurs.

Le besoin de bassins-écluses sur la haute Seine, de grands magasins de charbon, de paille, de foin, de bois, etc., se fait chaque année plus vivement sentir. La valeur progressive des terrains de l'intérieur oblige d'ailleurs les marchands de bois et les manufacturiers de chercher hors des barrières des emplacements moins chers : l'économie sur la location du sol et sur les frais de main d'œuvre hors des barrières, compensant et au-delà les inconvénients de la distance, il paraît constaté que le charbon et le bois tirés des magasins de Charenton peuvent être livrés à plus bas prix dans Paris, que les mêmes matières prises dans les entrepôts intérieurs.

De grands dépôts de matières premières, assez spacieux pour contenir les approvisionnements d'une année, rendraient les prix uniformes, diminueraient les dépenses des consommateurs, et assureraient le succès des fabriques.

Ces grands magasins ne peuvent remplir leur destination, que s'ils sont placés sur un sol plus élevé que les crues, sur les bords de la rivière ou des canaux, et à portée des grandes routes. Nulle localité n'offre naturellement ces divers avantages : ou les bords de la Seine sont bas, et les grandes eaux qui la recouvrent inondent les parties basses des entrepôts ; ou ils sont élevés, et des constructions d'une grande valeur occupent le sol jusqu'au lit du fleuve. Dans ce cas, le montant des indemnités à payer dépasserait la rente des locations.

Cependant, malgré ces obstacles, le commerce, repoussé de Paris par la valeur progressive du sol, cherche à s'établir à Charenton, à Ivry, à Grenelle, à Neuilly, sur des terrains qui ne satisfont qu'à l'une des conditions prescrites. Les magasins se trouvent éloignés de la rivière et des routes, ou placés sur des terrains submersibles; tous sont entrepris sur de trop faibles échelles, pour assurer le service et contribuer à la réduction du prix des marchandises.

Le besoin de bassins à niveau constant et régulier, et d'entrepôts, se fera bien mieux sentir, lorsque les canaux de Bourgogne, de la Loire, du Nivernais, seront achevés; les arrivages augmenteront de moitié, et on ne saura où garer les bateaux, où déposer les marchandises.

Ces grandes communications devant être achevées dans deux ans, il ne reste que le temps nécessaire à l'exécution du projet qu'on propose.

La plaine d'Ivry nous a paru le seul lieu convenable à l'établissement de grands docks; elle est spacieuse, rapprochée des barrières, et à un niveau tel, que les déblais du creusement des bassins compenseront les remblais nécessaires pour mettre les digues et les entrepôts au-dessus des plus grandes inondations connues. La double entreprise des bassins et des magasins coûtera donc le moins possible.

Les bois de la Seine et de la Marne, et les 20,000 bateaux ou trains qui descendent de ces rivières, pourront entrer et séjourner dans les bassins. Les routes de Champagne, de Bourgogne, de la Suisse, d'Orléans, viendront de même converger sur la plaine d'Ivry, au moyen des ponts proposés : les diverses productions qui sont expédiées pour Paris par des voitures, arriveront dans les magasins sans traverser Paris, sans passer même dans les faubourgs; elles y seront entreposées avec plus de facilité, et à moins de frais que dans les magasins de l'intérieur.

La plaine d'Ivry étant quelquefois inondée, n'est point bâtie; l'on n'y compte que quelques constructions placées sur les bords de la Seine, et hors de la ligne du projet : ainsi il ne faudra pas démolir une seule maison pour exécuter l'entreprise.

La plaine d'Ivry est voisine des carrières de pierre, de plâtre, de sable : la terre du sol, convenablement préparée, peut servir à la fabrication des briques; c'est donc encore le lieu des environs de Paris où les constructions se feront le plus facilement et au plus bas prix.

Lorsque le canal et les docks seront ouverts,

il s'établira sur les bords, des magasins de charbon, de fourrage, d'avoine, des moulins à blé, des buanderies, et un grand nombre de fabriques qui ont besoin de combustibles et d'eaux courantes.

Tous les décombres de Paris seront portés dans les bateaux du canal, et transportés dans la nuit, et presque sans frais, à plusieurs lieues des barrières.

La capitale ne sera plus exposée à manquer de charbon, de fourrage, etc., comme dans les dernières années. Les ports de l'intérieur pourront être débarrassés; la rivière, affranchie des obstacles qui en arrêtent le courant, ne causera plus d'inondations dans les quartiers bas.

CONDITIONS DE L'ASSOCIATION.

Une compagnie exécutante se chargerait à ses risques et périls d'achever l'entreprise dans le délai de trois années et pour la somme de cinq millions cinq cent mille francs; prenant à son compte les accidents imprévus et toutes augmentations de dépenses. Chaque actionnaire ne serait responsable que du montant de sa souscription, nulle solidarité n'étant établie entre eux.

Pour assurer la garantie des fonds, la compagnie exécutante fournirait, en travaux ou en terrains, une valeur de cinq cent mille francs, et resterait toujours en avance de cette somme ; les actions représentant cette valeur seraient déposées chez le notaire de la société, jusqu'après la réception des ouvrages. Les paiements se feraient en huit termes et par huitième, au fur et à mesure de l'avancement des travaux.

Une autre compagnie qui aurait traité avec la première de l'exécution, se chargerait des travaux pour la somme de..... 5 millions 1/2.

De l'achat des terrains, de
125 hectares indiqués au
plan pour............... 4 millions 1/2.

Et de tous les travaux pour 10 millions.

Elle prendrait dans l'entreprise un intérêt de deux millions ; elle déposerait, pour garantie, les actions chez le notaire de la société.

Le capital de dix millions serait divisé en deux mille actions, chacune de cinq mille francs.

Les souscriptions des actions seraient données aux premières personnes inscrites chez M.

notaire de la société.

serait également chargé de recevoir les propositions pour l'exécution des travaux.

La société anonyme entre les actionnaires serait réglée conformément aux statuts ci-joints.

D'UN ACTE SOCIAL,

CONTENANT LES STATUTS DE LA SOCIÉTÉ
ANONYME DES DOCKS D'IVRY.

CHAPITRE PREMIER.

DE LA FORMATION DE LA SOCIÉTÉ.

Art. 1er. La concession des docks, telle qu'elle est demandée, ainsi que tous les droits en résultant, rien excepté, ni réservé, sont l'objet de cette société.

Art. 2. L'association est perpétuelle, ainsi que la durée de la concession.

Art. 3. La dépense des travaux des docks, conformément aux projets, étant de dix millions, y compris l'acquisition des terrains, le capital de la société est porté à ladite somme; en conséquence il a été créé dix mille actions de cinq mille francs chacune.

Art. 4. Les actions seront tirées d'un registre à talons et à souche, signées par M^e

notaire de la société, et par les administrateurs dont il sera parlé plus bas.

Art. 5. Indépendamment du registre mentionné en l'article précédent, il sera ouvert, en double expédition, un registre sur lequel les actions cédées seront inscrites nominativement.

Art. 6. L'un des doubles sera déposé entre les mains du caissier-général, et l'autre restera dans l'étude de M^c

notaire de la société.

Art. 7. Les porteurs d'actions pourront les transférer ; le transport s'opérera par l'endossement et la tradition du titre : néanmoins le cessionnaire sera tenu de donner connaissance du transfert, tant au caissier-général qu'au notaire de la société, porteur du registre des actions ; et il devra, en outre, faire mention du transfert sur les deux doubles dudit registre, par une déclaration signée de lui ou de son fondé de pouvoirs.

Art. 8. L'action est déclarée indivisible.

Art. 9. Tout appel de fonds sur les actionnaires ou leurs représentants est prohibé ; et, dans aucun cas, ils ne pourront être inquiétés ni recherchés pour dettes ou autres obligations quelconques, contractées à raison ou à l'occasion de l'exécution des travaux et de l'entreprise dont il s'agit : ils ne seront passibles que de la perte du montant de leur intérêt dans la société.

Art. 10. Les docks et leurs dépendances seront

indivisibles entre les mains des actionnaires. La concession résidera toujours sous le titre collectif de l'association; il ne pourra en être distrait ni séparé aucune portion par cession, donation ou toute autre cause.

Art. 11. La destination de la chose mise en société ne pourra jamais être changée ni convertie à d'autres usages qu'à ceux des docks.

Art. 12. La société pourra néanmoins faire tous les changements utiles, tendant à améliorations, tels que prises d'eau, déversoirs, création d'usines, magasins, entrepôts, etc.

Il est bien entendu que les travaux dont il s'agit ne seront exécutés que d'après une délibération expresse de l'assemblée générale, comme il sera dit ci-après, avec les produits seuls des docks et de leurs dépendances, et sans qu'il soit permis de faire aucun appel de fonds, ainsi qu'il a été stipulé à l'article 9.

Art. 13. L'universalité des actionnaires formera la société anonyme, établie par le présent, et prendra le nom de Société des Docks de la plaine d'Ivry.

CHAPITRE II.

DE L'ADMINISTRATION DE LA SOCIÉTÉ.

Art. 14. La société sera représentée par les

actionnaires possédant au moins cinq actions, ou leurs fondés de pouvoirs, et par ceux d'actionnaires réunis ayant ensemble au moins cinq actions.

Les actionnaires ne pourront en aucun cas charger de leurs pouvoirs qu'un actionnaire ayant déja voix délibérative, ou leur fils, gendre ou frère, et, en cas de réunion, le fils, le gendre ou le frère d'un des actionnaires réunis.

Art. 15. Les actionnaires représentants de la société se réuniront en assemblée générale tous les ans, le troisième lundi de janvier, à midi précis, sans qu'il soit besoin de convocation; le chef-lieu de l'association sera à Paris.

Jusqu'à désignation ultérieure d'un autre local, les réunions auront lieu en ladite ville, chez Me   , notaire de la société, rue

Art. 16. Lesdits actionnaires pourront être convoqués en tout autre temps, à la demande et diligence des administrateurs dont il sera ci-après parlé.

Dans ce cas, la convocation devra être faite quinze jours au moins avant la tenue de l'assemblée.

Art. 17. Pour prévenir tout embarras et erreur dans la convocation, chaque actionnaire choisira un domicile dans la ville de Paris, où

toute notification lui sera valablement faite. Les
élections de domicile seront consignées au registre des résolutions de la société; la notification se fera par lettres chargées.

Art. 18. L'assemblée générale ne pourra déli-
bérer que lorsqu'elle sera composée au moins
des $\frac{3}{4}$ des actionnaires ayant voix délibérative.

Art. 19. Dans toute l'assemblée générale, les
voix se compteront par le nombre d'actions, et
comme il suit :

Cinq actions, une voix;
Dix actions, deux voix;
Quinze actions, trois voix;
Et vingt actions et plus, quatre voix.

Art. 20. La première assemblée générale aura
lieu le jour de l'ouverture de la navigation du
canal.

Il sera nommé, à cette réunion, cinq administrateurs pris parmi les actionnaires possédant
au moins cinq actions, et qui seront exclusive-
ment chargés de régir les intérêts de la société.

Le fondé de pouvoirs de plusieurs actionnaires ayant ensemble cinq actions ne pourra pas
être nommé administrateur. Les administrateurs
ne seront responsables que de l'exécution du
mandat qu'ils auront reçu, et ne contracteront,
à raison de leur gestion, aucune obligation per-

sonnelle ni solidaire, relativement aux engagemements de la société.

Art. 21. Les administrateurs seront nommés pour trois ans ; ce terme expiré, ils seront rééligibles.

Ils se réuniront au moins une fois par mois, savoir : le premier lundi jusqu'à une autre disposition ; les réunions se feront chez M^e

, notaire de la société.

Art. 22. L'un ou l'autre des administrateurs pourra provoquer des assemblées plus fréquentes, lorsque l'état ou les intérêts de la société l'exigeront.

Art. 23. En assemblée de ces administrateurs, les voix se compteront par téte, sans avoir égard au nombre d'actions.

Art. 24. Lesdits administrateurs désigneront entre eux celui qui sera chargé chaque année de surveiller les recettes et les dépenses.

Art. 25. Ils présenteront à la nomination de l'assemblée générale le caissier-général, les receveurs, éclusiers, gardes et autres préposés qui seront nécessaires. Ces employés seront révocables à la volonté de ladite assemblée générale, qui fixera également leur traitement.

Ils surveilleront les constructions, délivreront les certificats d'à-compte et de reception, et veilleront à l'exécution du contrat passé avec la compagnie exécutante, chargée à ses risques et périls de l'entreprise pour la somme fixe de cinq millions cinq cent mille francs.

Art. 26. Pourront les administrateurs suspendre et remplacer provisoirement lesdits employés lorsqu'ils le jugeront convenable aux intérêts de la société; mais la destitution et le remplacement définitifs de ces employés ne seront prononcés qu'en assemblée générale, sur leur proposition, conformément à l'article précédent.

Art. 27. Les receveurs seront tenus d'inscrire les recettes, article par article, jour par jour, sur des registres à talons, cotés et paraphés par un des administrateurs autre que celui qui exercera les fonctions de caissier-général.

Les actionnaires ayant voix délibérative à l'assemblée générale auront le droit de vérifier et contrôler à volonté les registres des receveurs, le tout néanmoins sans déplacement.

Les mêmes actionnaires pourront exiger des receveurs les bordereaux des recettes et dépenses de chaque mois, et des versements qu'ils auront faits au caissier-général.

Art. 28. Les actes judiciaires et extrajudiciaires concernant la société, soit activement, soit passivement, seront faits au nom de l'association, poursuite et diligence des administrateurs.

Art. 29. Toutes les résolutions des administrateurs seront provisoires, et provisoirement exécutées ; elles seront inscrites sur un registre, et portées à la connaissance de l'assemblée générale, pour obtenir son assentiment.

Art. 3o. Les administrateurs n'auront droit à aucune indemnité : ils obtiendront seulement le remboursement de leurs frais, sur état approuvé par l'assemblée générale, et recevront des jetons de présence, à chaque séance.

Art. 31. Pour garantie de leur gestion, les administrateurs devront déposer cinq actions chez le notaire de l'association ; et l'agent qui exercera les fonctions de caissier-général, en déposera dix.

Ces actions seront inaliénables durant leurs fonctions.

CHAPITRE III.

DU COMPTE A RENDRE AUX ACTIONNAIRES, ET DU RÉGLEMENT DES INTÉRÊTS ET DIVIDENDES.

Art. 32. La société entrera immédiatement en jouissance des ouvrages faits ; et toutes les recettes qui seront faites pour la location des terrains, droits de navigation, de stationnement, seront partagées entre tous les actionnaires.

Art. 33. Les administrateurs présenteront à

l'assemblée générale de chaque année le compte des recettes et dépenses de l'année précédente.

Art. 34. Chaque actionnaire pourra prendre connaissance de l'arrêté des recettes et dépenses, et du réglement qui aura été fait des dividendes.

Art. 35. Il sera payé deux dividendes par année.

Art. 36. A leur assemblée du premier lundi de juillet, les administrateurs fixeront le dividende du premier semestre de l'année, d'après la situation de la caisse.

Art. 37. Le deuxième dividende sera réglé tous les ans par l'assemblée générale, d'après le compte dont il est question à l'article 33.

Art. 38. Les dividendes délibérés se payeront à vue à la caisse générale de la société, ou, à la demande de l'actionnaire, en bons du trésor royal.

Art. 39. Un vingtième des produits nets annuels sera mis en réserve et placé dans les fonds de France, jusqu'à concurrence d'un capital nominal d'un million. Ce capital entrera en accroissement de chaque action, dont il ne pourra être séparé, pour devenir, comme elle, la propriété de l'actionnaire ; il pourra cependant, en cas de circonstance extraordinaire, être em-

ployé aux dépenses imprévues ou d'amélioration, s'il y a lieu, d'après une délibération de
l'assemblée générale.

En cas de diminution par un emploi quelconque, suivant la réserve précédente, il sera fait
successivement de nouvelles retenues au même
taux pour compléter ce capital.

Les intérêts annuels que produira ladite
somme seront portés en recette.

CHAPITRE IV.

DE LA DIRECTION ET SURVEILLANCE DES TRAVAUX D'ENTRETIEN, ET AUTRES TRAVAUX D'ART.

Art. 40. Les administrateurs s'adjoindront un
ingénieur du corps royal des ponts-et-chaussées,
pour la direction des travaux de construction,
d'entretien des ouvrages de terrasses et d'art, et
de tout ce qui est relatif à ladite entreprise.

Art. 41. Chaque année, avant l'assemblée générale, l'ingénieur rédigera le projet des dépenses d'entretien et autres travaux d'utilité, et
il le soumettra à l'examen des administrateurs,
qui le présenteront avec leurs observations à
l'assemblée générale, pour obtenir l'autorisation
des dépenses à faire dans la campagne.

Art. 42. En cas d'accidents imprévus, les administrateurs seront autorisés à prendre toutes les mesures nécessaires pour arrêter et réparer les dégradations urgentes, à charge de convoquer une assemblée générale, si les dépenses devaient outrepasser la somme de vingt mille francs.

Art. 43. Il sera fait, chaque année, par les administrateurs, accompagnés de l'ingénieur, une visite générale du canal et dépendances, pour en constater l'état, et faire connaître les réparations qui auraient été négligées, et les constructions qui seraient jugées nécessaires; il sera du tout dressé procès-verbal.

CHAPITRE V.

DISPOSITIONS GÉNÉRALES.

Art. 44. Toutes les résolutions qui seront prises en assemblée générale des actionnaires représentants de la société, sur tous les intérêts en dépendant, ainsi que sur toute espèce de contestations qui pourraient s'élever à raison desdits intérêts entre les actionnaires entre eux, ou entre les administrateurs et actionnaires, seront obligatoires pour les associés, lesquels s'engagent formellement à y obtempérer comme à un jugement en dernier ressort, renonçant expressément à toutes voies judiciaires quelconques, appels ou recours, quels qu'ils soient.

Art 45. Le présent acte de société sera soumis à l'approbation du gouvernement, conformément à l'article 37 du Code de commerce.

INFLUENCE DES DOCKS

DU CANAL

DE LA MARNE À LA SEINE,

ET DES BARRAGES PROPOSÉS

SUR LA NAVIGATION DE CES RIVIÈRES.

PRÉCIS HISTORIQUE DES ANCIENS PROJETS.

PENDANT près de deux siècles on s'est beaucoup occupé des moyens d'améliorer la navigation de la Marne, de l'Aube, de l'Yonne, de la haute et basse Seine ; les plus célèbres ingénieurs, des académiciens, des négociants, ont présenté des mémoires, des projets. Les personnes les plus considérables et les plus riches ont formé des compagnies, et proposé d'exécuter les ouvrages à leurs frais. Des concessions ont été accordées sur l'Aube, la haute Seine et l'Yonne, et toujours révoquées dans la suite ; et les travaux, plusieurs fois repris et abandonnés, ont été détruits par le temps.

Des divers projets autrefois proposés, les canaux de l'Ourcq, de Saint - Denis, de Saint-Martin, sont les seuls qu'on ait achevés, et on a dû , dans cette circonstance comme dans toutes , en France comme dans les autres états, appeler l'intervention des compagnies exécutantes , qui ont achevé ces ouvrages dans le délai prescrit, et vaincu avec facilité des difficultés jugées insurmontables.

Au-dessus de Paris, sur la rive droite de la Seine, sur cette rivière, sur la Marne, sur l'Aube, sur l'Yonne, les améliorations sont ajournées ; tout reste dans l'état d'abandon et d'imperfection des derniers siècles.

Cependant, c'est sur la haute Seine que la sollicitude des magistrats et du gouvernement appelait autrefois plus particulièrement l'attention des ingénieurs et des savants ; c'est par la haute Seine qu'arrivent les cinq sixièmes des approvisionnements ; c'est à la Gare, à Ivry, à Bercy que les glaces ont causé, à différentes époques, de grandes pertes.

Quels sont les nouveaux motifs de sécurité et les causes qui font ajourner les améliorations, l'objet des méditations de tant de magistrats et d'hommes de l'art? Le régime de la Seine et de ses affluents est-il maintenant si bien réglé et dominé que la navigation soit assurée, et surtout qu'on ne puisse plus craindre les inondations, les glaces, les débâcles? Le volume des eaux est-il diminué? notre climat serait-il changé? la Seine, dans la traversée de Paris, aurait-elle plus de débouché ?

Tout semble, au contraire, avertir que les premières inondations causeront de plus grands ravages; et qu'abandonner le sort de milliers de familles au caprice des saisons, est de l'imprévoyance.

Depuis trente ans on a construit dans Paris six ponts nouveaux, et des quais qui resserrent et réduisent la section de la rivière; on a fermé le bras de l'île Louvier et diminué le plus faible débouché du fleuve. Ces changements arrêtant et soulevant les eaux au-dessus de Paris, les établissements de Bercy, de la plaine d'Ivry, seront inondés, et très-compromis. Les bois des chantiers, déplacés, peut-être entraînés, viendront avec les glaces obstruer les ponts, causer la chute des plus mauvais, et accroître, par leur encombrement, le niveau de la Seine, et les désastres dans les plaines d'Ivry et de Choisy.

S'il était impossible de prévenir ces malheurs, il serait inutile et imprudent de les prévoir. Mais il paraît possible et facile de les éviter, et tout semble conseiller de prendre de promptes mesures. Une année très-pluvieuse, un été froid, annoncent un hiver rigoureux, des glaces et des inondations; ainsi les objections faites contre

les gares, jugées inutiles contre les débordements, auxquels on ne croit plus, peuvent se
trouver cruellement contredites. Le pays reste
exposé à des désastres dont on peut, en quelques semaines, se garantir pour toujours.

Avant d'exposer les avantages du projet général d'amélioration de la Seine, nous avons
cru nécessaire d'appuyer notre opinion du té-
moignage des anciens magistrats de Paris. La
persévérance de leur zèle et la conformité de
leurs vœux convaincront sans doute de l'utilité
des travaux de perfectionnement des rivières
qui débouchent dans la capitale.

Si nous proposons comme facile ce qui n'avait
pas encore été présenté, la hardiesse de projets
qu'on aurait autrefois appelés avec raison témé-
raires, n'est maintenant qu'une juste confiance
donnée par les nouvelles découvertes en méca-
nique, et par la connaissance d'expériences
nombreuses et irrécusables faites en Angleterre,
en Amérique, etc., etc.

Il est sans doute pénible d'aller au dehors
chercher des exemples, lorsque l'Europe doit
à la France les premiers et les plus beaux monuments en ce genre, et les bases de la meilleure législation des travaux publics; lorsque
l'on compte en France plus d'ingénieurs habiles
que dans les autres états. Les Français n'ont été

devancés dans la carrière ouverte par eux que par les difficultés, les hostilités, ou le silence des lois sur l'organisation des compagnies pour l'exécution des améliorations nécessaires. Les détails suivants, extraits des ouvrages de MM. de Lalande, Deparcieux, académiciens; du Traité de police de M. Lamarre, etc., etc., serviront à justifier l'utilité des projets que nous avons rédigés.

NAVIGATION DE LA HAUTE SEINE.

En 1655, Hector de Boutheroue, sieur de Bourgneuf, concessionnaire du canal de Briare, demanda et obtint des lettres patentes pour améliorer et prolonger la navigation de la Seine, de la Marne et de l'Aube, avec privilége exclusif d'y naviguer pendant vingt ans.

En 1676, ces lettres patentes furent renouvelées.

En 1703, MM. de la Rochefoucault, de la Feuillade, de Pompone et de l'Hôpital, réclamèrent comme ayans cause, et obtinrent une prolongation de vingt ans.

En 1720, ce privilége fut révoqué par le roi, et ces canaux rentrèrent dans le domaine public.

En 1727, le sieur Gaillot, qui demanda et obtint l'exécution de ces anciennes lettres patentes, ayant à justifier la compagnie du mau-

vais état des canaux ouverts par elle , représenta
que tous les ouvrages avaient été exécutés et
entretenus avec soin jusqu'en 1720, époque à
laquelle le roi les avait repris ; que le gouvernement n'ayant fait aucune réparation pendant
sept ans, les ouvrages étaient dégradés ; que
de 1678 à 1720 la compagnie avait dépensé
1,160,267 fr., et touché seulement 547,582 fr. ;
d'où il résultait qu'elle avait perdu 612,785 fr.,
et l'intérêt des fonds pendant quarante-six ans.
La concession fut révoquée , et les canaux ouverts non réparés ne tardèrent pas à être détruits.

CANAL DE PROVINS.

Par lettres patentes du 30 juillet 1665, la
concession du canal de Provins fut donnée à
perpétuité à M. Dubuisson de la Moussière , co-
lonel du régiment d'Abouville ; cette entreprise,
qui coûta 300,000 liv. , fut heureusement ache-
vée, la navigation établie , et plus tard abandonnée par suite de procès.

En 1700, M. le maréchal Vauban, chargé
d'examiner l'état des travaux, dressa un nouveau projet estimé par lui 360,000 liv. En 1763,
le même projet fut évalué par M. Creté, ingénieur, 588,270 livres.

M. Peyre porta la dépense dans son devis à

800,000 liv. Les héritiers de M. Dubuisson de-
mandèrent plus tard, en vertu de leur ancienne
concession, l'autorisation d'exécuter à leurs frais
le projet tel que l'avait indiqué M. de Vauban;
mais ce privilége leur fut refusé par suite des
réclamations des propriétaires des terrains à
traverser.

CANAL

DE PARIS A SAINT-DENIS ET A L'ÎLE ADAM.

« *Les naufrages arrivés sur la Seine en* 522,
« *les maisons renversées à Paris, au Petit-Pont,*
« *en* 1206, *les inondations ruineuses de* 1281,
« *1296, 1326, 1446, 1647, 1649, 1651, 1658,*
« *1709, 1726, qui avaient causé beaucoup de*
« *pertes d'hommes, de bateaux et de moulins,*
« *ont fait désirer, dans tous les temps, de pouvoir*
« *faciliter la décharge des eaux de la Seine au-*
« *dessous de Paris, où un grand nombre de dé-*
« *tours en ralentissent l'écoulement.* »

En 1658, MM. Petit et Noblet proposèrent
d'ouvrir un canal de la pointe du bastion de l'arsenal jusqu'au-dessous de Paris, entre St.-Denis
et St.^t Ouen.

En 1724, M. Leroy, comte de Jumelles, ayant
offert de construire un canal de Paris à Méry-
sur-Oise, M. Desenne, membre de l'Académie,

chargé de niveler le terrain et de calculer les dépenses, jugea possible cette entreprise; mais, en raison des oppositions des propriétaires, on refusa d'accorder des lettres patentes, même pour le canal entre Paris et St.-Denis.

PROJET DE FAIRE REMONTER LES NAVIRES A PARIS.

En 1760 et 1765, M. Passement, fabricant d'instruments de physique, présenta un projet pour faire remonter, en quatre jours, les vaisseaux de Rouen à Poissy. Il proposa de creuser des canaux autour des ponts de l'Arche, de Vernon, de Mantes, de Meulan, et d'établir un port à Poissy. Il demanda pour indemnité des dépenses, les sommes payées par les bateliers, au passage des ponts, et un droit proportionnel à la charge des navires.

La compagnie qu'il forma avec M. Bellart, avocat, avait l'intention de creuser un lit de 72 pieds de largeur sur 6 pieds de profondeur; la dépense fut évaluée par eux six millions.

Mais, dans le public, on considéra cette estimation comme trop faible; quelques personnes portèrent la dépense à 12 millions, d'autres à 40 et 50 millions.

Ce projet trouva beaucoup de contradicteurs qui objectèrent que les bateaux actuels de la Seine, de 200 à 500 tonneaux, portent trois ou quatre fois la charge des vaisseaux qui arrivent à Rouen ; que l'entretien des navires serait plus cher à cause de ses agrès ; qu'ils mettraient plus de temps dans le voyage ; que le transport des marchandises, qui ne coûte que de 10 à 18 sous par quintal, suivant leur nature, deviendrait plus dispendieux, moins sûr et moins prompt ; et que les bateaux qui ne prennent que de 3 à 5 pieds d'eau, sont en tout préférables aux navires qui demandent 10 et 11 pieds pour un tonnage trois fois moindre.

M. Passement répondit qu'il est avantageux de ne pas décharger les navires avant d'arriver à destination ; qu'il serait important de les faire remonter jusqu'à la capitale, afin de mettre la marine en honneur ; que la vue des vaisseaux augmenterait le nombre des marins, des armateurs, des négociants en grand ; tandis que Paris n'est qu'une ville de luxe et de plaisirs, sans manufactures, sans navigation, sans commerce.

Les objections qu'on fit contre cette entreprise et le montant des dépenses empêchèrent l'adoption du projet.

MARNE.

En 1747, les bateliers se plaignirent du mauvais état de la navigation de cette rivière et des malheurs qui en résultaient.

MM. Dufesc et Rovière, banquiers à Paris, offrirent d'exécuter les ouvrages à leurs frais, à la condition d'avoir le privilége exclusif des transports pendant 5o ans.

M. Pitrou, ingénieur des ponts-et-chaussées, chargé, par arrêt du conseil, de dresser le projet d'amélioration, proposa de construire 5o écluses.

En 1752 et 1753, nouvelles plaintes, nouvelles vérifications et nouvel ajournement. M. Camus, de l'Académie des sciences, qui fut consulté, estima que les évaluations des travaux étaient trop faibles, et qu'on ne devait pas en donner la concession.

En 1759, une compagnie, offrant toute garantie, proposa d'exécuter les ouvrages, à ses frais et en cinq ans, moyennant un privilége de 3o ans. Le ministère refusa, parce qu'on demandait un privilége exclusif.

En 1764 et 1766, la compagnie Bonin demanda un privilége exclusif pour les transports pendant 6o ans, s'engageant à faire, à ses frais, les ouvrages évalués cinq millions; cette proposition fut de même refusée.

CANAL DE L'OURCQ.

En 152o, le prevôt des marchands et échevins de Paris obtint des lettres patentes pour faire nettoyer et rendre navigables les rivières de Vesmes, Morin, Ourcq, etc., etc.

En 1632, Louis de Soligny, bourgeois de Paris, proposa de rendre navigables, à ses frais, les rivières d'Ourcq et Estampes, et obtint des lettres patentes du roi, qui lui accorda la concession pendant 40 ans, et des lettres de noblesse pour lui et huit de ses associés.

Le sieur Soligny et ses associés N. de Creil, B. Massuau, C. Couturier, J. de Montault, écuyer, sieur de Malvoisie et J. Soligny, tous marchands et bourgeois de Paris, reçurent des lettres de noblesse, rendirent la rivière de l'Ourcq navigable en 1636, ainsi qu'il fut constaté par procès-verbal des marchands et échevins de Paris, et par l'arrivée des bateaux chargés venant de l'Ourcq.

Les concessionnaires s'étant ruinés, parce que le canal ne donnait pas assez de produits, d'autres compagnies obtinrent de nouvelles lettres patentes.

En 1661, Mgr. le duc d'Orléans, frère du roi, reçut, par un brevet du roi, don du péage de l'Ourcq, pour en jouir, comme d'un loyal acquit, ainsi que le nommé Soligny en avait joui.

Malgré les contestations, les lettres patentes furent enregistrées, en 1665, quatre ans après par le parlement de Paris.

PROJET DE CONDUIRE L'OURCQ A PARIS.

Une compagnie offrit, en 1676, d'amener à Paris la rivière de l'Ourcq, jugée déja si utile par les marchands, qui l'appelaient la petite rivière par excellence.

M. de Manse obtint, en 1676, des lettres patentes pour ouvrir un canal de 25 lieues, partant de la Marne, à 5 lieues au-dessus de Meaux, et conduisant les eaux de cette rivière et de l'Ourcq jusqu'à Paris. Le travail fut commencé dans ce temps, et sa veuve demanda, en 1717, l'autorisation d'achever cette entreprise.

Ce canal devait arriver au-dessus de Paris, vers Belleville, se prolonger du côté du faubourg St.-Antoine jusqu'à l'arsenal, envelopper Paris, et déboucher entre la porte du Cours-la-Reine près de Chaillot et la manufacture de la savonnerie.

Ce canal était destiné à conduire les eaux et les bateaux de la Marne à Paris, et surtout de fournir des eaux sur la rive droite de la Seine.

On devait faire cinq écluses entre Belleville et l'arsenal, pour racheter la chute, établir des moulins à côté, créer des ponts, des gares, des abreuvoirs, des lavoirs, des bains. On voulait aussi conduire un embranchement par St.-Denis jusqu'à Herbelay sur la basse Seine.

En 1676, MM. de Riquet et de Mans obtinrent de Louis XIV des lettres patentes et des encouragements de son grand ministre Colbert, le protecteur de toutes les entreprises utiles. En 1677, le duc d'Orléans accorda son autorisation aux concessionnaires, comme propriétaire de la navigation de l'Ourcq.

M. de Mans exécuta le canal depuis Lisy jusqu'à Meaux, sur cinq lieues de longueur.

La mort de M. de Riquet et de M. de Colbert fit interrompre les travaux. En 1717, Catherine Talon, épouse de M. de Mans, présenta au régent un mémoire sur cette entreprise qui fut abandonnée.

CANAL DE CEINTURE
DE LA RIVE DROITE.

En 1723, M. Boisson, ingénieur, proposa d'ouvrir autour de Paris un canal de 2,200 toises, depuis le Roule jusqu'au Pont-aux-Choux et à l'arsenal, qu'il voulait alimenter avec dix machines hydrauliques. Ce projet, reconnu utile et praticable par les ingénieurs et académiciens nommés commissaires pour l'examiner, n'a pas été commencé.

DÉBACLES DE LA SEINE.

Les désastres qui ont eu lieu à Paris, à diverses époques, et qui sont de plus en plus à redouter, à mesure que la capitale et les arrivages augmentent, ont déterminé les magistrats de la ville et le gouvernement à rechercher les moyens de prévenir les inondations de la Seine et de la rivière des Gobelins.

Plusieurs académiciens furent chargés de rechercher les moyens de remplir ce but; MM. Deparcieux et Peyronnet s'en occupèrent particulièrement, et rédigèrent des mémoires qui furent soumis à l'Académie. Ils proposèrent divers projets, et particulièrement d'établir sur la Seine, au-dessus de Paris, des estacades, des barres submersibles, afin d'arrêter les glaces.

On jugea leurs projets ou impraticables, ou peu efficaces; et on se borna à élever davantage l'estacade de l'Ile Saint-Louis; à la fortifier; à prévenir une nouvelle rupture, et à se ménager la possibilité d'en fermer l'entrée par des poutrelles. On a créé ainsi une gare intérieure spacieuse, mais en resserrant le lit du fleuve, et en exposant les habitants d'Ivry, de Bercy, de Carrières, etc., aux désastres qu'ils ont déja plusieurs fois éprouvés, et qui les menacent plus que jamais.

Puisque la ville de Paris s'est crue jusqu'ici obligée de payer les dégâts causés aux bateaux de la Seine par les débordements, ne doit-elle pas à plus forte raison dédommager les propriétaires qui en souffriront davantage, les eaux étant arrêtées par les nouveaux ponts et par l'estacade ?

OBSERVATIONS

SUR LES FAITS PRÉCÉDENTS.

De 1650 à 1770 le gouvernement n'exécutait point les ouvrages de navigation à ses frais ; il concédait les entreprises à des compagnies, les encourageait par des dons, des priviléges, des lettres de noblesse. Les plus grands rois, leurs plus célèbres ministres, voulaient attacher leurs noms à ces monuments d'utilité publique. Sur tous les points du royaume, les plus grandes familles cherchaient à mériter l'approbation du souverain et à obtenir de la considération, en exposant leurs fortunes dans ces entreprises. Beaucoup d'ouvrages furent étudiés, projetés, entrepris.

Mais nulle règle alors n'était établie, nulle garantie ne pouvait être donnée ; il dépendait d'un ministre d'accorder une concession, de la modifier, de l'annuler ; et quelques propriétaires et des hommes influents pouvaient en compromettre le succès par leurs oppositions.

Cette incertitúde et cet arbitraire ont ruiné la plupart des familles qui ont dépensé leurs fortunes dans les entreprises publiques.

Les exemples que nous avons cités montrent du moins que les Français ont les premiers en Europe cherché à enrichir le pays en créant à leurs frais des canaux ; que les Anglais n'ont fait qu'imiter les premiers ouvrages et notre ancienne législation ; et que la supériorité qu'ils ont maintenant acquise n'est due ni à plus de persévérance, ni à plus d'habileté, mais seulement à la perfection de leurs lois et au mode de les compléter, en consultant par des enquêtes l'expérience et les lumières du public, et en tenant les codes ouverts à toutes les découvertes.

Depuis le commencement du dix-huitième siècle, notre administration est devenue rétrograde ; le pouvoir de la centralisation a tout confondu, tout suspendu ; par l'influence de l'arbitraire, on a vu les droits des villes, des provinces, anéantis, le zèle des associations repoussé. Le gouvernement, en voulant concentrer en lui le pouvoir de juger, d'ordonner, d'exécuter, en ôtant la participation de chacun aux améliorations publiques, n'est parvenu qu'à tout paralyser, et à ne réaliser que pertes, dettes, banqueroutes et révolutions.

Les travaux des canaux de Briare, d'Orléans, de l'Ourcq, les desséchements de marais, offraient cependant les meilleurs modes de législation. Il semble indispensable de citer sans cesse ces exemples, de les méditer et d'y revenir. Jusqu'à ce qu'on ait adopté le même mode de concession des canaux et des chemins neufs, et qu'on ait appelé le concours des compagnies exécutantes par des encouragements, nulle prospérité n'est à espérer en agriculture et en manufactures. L'Angleterre nous éloignera de plus en plus des marchés étrangers, où nous soutenons à peine la concurrence, et s'emparera du monopôle du commerce du monde. Il n'est personne maintenant qui n'aperçoive ces résultats, et qui n'offre de concourir à les prévenir.

Tout semble conseiller de revoir les lois sur les travaux, d'appeler les compagnies exécutantes, de retrancher des cahiers des charges les clauses qui les repoussent, et de prévenir des difficultés qui deviennent onéreuses à l'État. Nous chercherons à établir les bases des concessions à donner.

De toutes les propriétés à créer, un canal neuf est celle qui demande le plus de capitaux, d'expérience et de persévérance; on ne peut donc imposer aux compagnies qui s'en chargent à leurs frais la condition de ne recevoir qu'une partie des produits et pendant un temps limité. Si elles avaient employé les mêmes fonds à des ouvrages particuliers, à défricher, dessécher, planter, elles auraient retiré la totalité des profits. Pourquoi les refuser, lorsque les chances sont plus hasardeuses, et lorsque le public est appelé à partager les bénéfices des succès? Il y a contradiction et inconséquence.

Il paraît juste d'accorder à une compagnie qui ouvre un canal ou une route, le privilége exclusif des transports aux prix librément débattus entre elle et le commerce; ou si on lui impose l'obligation de laisser passer en ne payant que de faibles droits, il faut lui allouer un dédommagement équivalent aux pertes à éprouver.

En accordant ainsi ou des priviléges exclusifs sans secours, ou des secours sans priviléges, mais avec une perpétuité de jouissance, dans l'un ou l'autre cas, on trouvera des associations offrant toutes garanties; les améliorations demandées seront entreprises, achevées aux époques fixées, et toujours bien entretenues; les ouvriers sans travail seront occupés, et la population, plus aisée, fera rapidement prospérer les fabriques maintenant en souffrance.

Une question fort importante est à décider :

Faut-il exiger que les concessions soient données par adjudication publique?

Il semble nécessaire de distinguer : lorsque l'État donne des travaux déja commencés, des terrains achetés, ou des secours, les sacrifices qu'il fait exigent qu'il appelle le concours des compagnies, afin d'obtenir une réduction sur ces avances par une adjudication publique.

Dans le cas contraire, les travaux étant neufs, et entrepris entièrement aux frais des compagnies, on peut seulement exiger et on doit prescrire qu'une souscription publique soit ouverte, et que chacun ait la faculté de soumissionner à son gré un certain nombre d'actions. Personne alors n'a le droit de se plaindre des avantages offerts aux associations. Nous avons cité cette marche, adoptée en Angleterre, comme la meilleure, et on doit en espérer en France d'aussi heureux résultats.

Enfin le gouvernement peut aussi hâter l'exécution des travaux utiles, en donnant des distinctions honorifiques aux co-associés, comme Henri IV, Louis XIII et Louis XIV.

Tout changement dans la marche jusqu'ici suivie sera, pour ainsi dire, une amélioration. Il n'y a pas maintenant de sécurité pour les compagnies exécutantes, ni chances de succès; aussi beaucoup de concessionaires de desséchements et de canaux ont été ruinés, et ces exemples ont empêché les capitalistes à engager leurs fortunes dans les entreprises publiques.

Après avoir rappelé les tentatives faites pour perfectionner la navigation de la Marne, de la Seine, etc., et les obstacles qui en ont empêché jusqu'à ce jour l'exécution, nous indiquerons les travaux à faire et les motifs de les entreprendre dans un court délai.

PROJET D'AMÉLIORATION

DE LA MARNE, DE LA HAUTE SEINE, DE L'AUBE, DE L'YONNE.

Le but que se proposaient les auteurs des projets rapportés plus haut, peut être rempli par les docks, la dérivation de la Marne à la Seine dans les plaines de Choisy, d'Ivry et de Grenelle, et par des barrages semblables à celui que nous présentons.

Les docks d'Ivry et les bassins du Jardin des Plantes et de Grenelle, les canaux ouverts dans les plaines donneront des gares spacieuses, qui seront reconnues plus nécessaires encore aussitôt que la navigation des canaux du Nivernais, de Bourgogne, de Monsieur, sera terminée.

La dérivation de la plaine de Grenelle, détournant une partie des eaux du fleuve, préviendra les inondations de la Seine et de la rivière des Gobelins, et garantira les faubourgs Saint-Marceau et Saint-Germain de nouvelles pertes.

Des eaux vides couleront dans les quartiers bas de ces faubourgs, et contribueront à la salubrité de cette partie de Paris.

Nous considérons le barrage proposé comme la partie du projet la plus importante par ses résultats et par les applications nombreuses qu'on peut en faire.

Le barrage du Port-à-l'Anglais soutiendra, en toute saison, les eaux de la Seine à deux mètres au-dessus de l'étiage; il forcera le courant de traverser les docks, il créera une chute à l'extrémité, et une puissance de plusieurs centaines de chevaux, qui fera marcher diverses fabriques et les machines hydrauliques destinées à porter des eaux de la Seine dans les quartiers élevés de Paris.

Ce barrage sera fixe dans le milieu, et aura aux extrémités des écluses. La forme de leurs portes et la manière de les manœuvrer caractésent ce nouveau système.

Les portes sont busquées avec des axes horizontaux et de fond, et se manœuvrent par les eaux d'une retenue supérieure, introduites dans le bas par des tuyaux, et agissant comme dans

la presse hydraulique ; elles s'ouvrent et se ferment avec rapidité, sans le secours d'hommes
et de machines, et servent à économiser les $\frac{3}{4}$ du
temps employé au passage des écluses ordinaires.

On peut leur donner de grandes dimensions,
sans que les manœuvres soient plus difficiles, la
puissance du moteur augmentant en raison de
leur superficie. Plus les écluses ont de largeur,
et plus ce système a d'avantage sur les autres.

En établissant sept barrages semblables sur la
Seine, huit sur l'Yonne, un bateau à vapeur, partant des docks de Paris, arriverait, en toute saison,
en 7 heures et avec un tirant d'eau de six pieds,
à Fontainebleau et Moret, au confluent de
Loing ; et à Auxerre, en dix-huit heures ; il
mettrait encore moins de temps pour descendre ;
le trajet de Montereau, qui est suspendu en
été, serait assuré et réduit de moitié dans les
temps maintenant les plus favorables ; le voyage
de Paris à Auxerre serait régulier et trois fois
plus rapide.

En exécutant des ouvrages semblables sur la
haute Seine, sur la Marne, on irait de même en
dix-huit heures de Paris à Châlons, à Troyes, à
Auxerre, c'est-à-dire plus vite, sans fatigue, et
à moins de frais que par les diligences.

C'est alors seulement que les approvisionnements de Paris en fruits, légumes et en mar-

chandises de toute nature, viendraient en plus
grande abondance, plus sûrement et à plus bas
prix.

Les environs de Fontainebleau offrent aux fabriques des matières premières précieuses que
la cherté des transports empêche maintenant
d'exploiter en grand. Il n'existe nulle part en
Europe du sable plus abondant, plus blanc,
plus pur et meilleur pour la fabrication des
cristaux et des verres ; mais telles sont les difficultés des communications, que peu de fabriques peuvent l'employer. Chaque bateau de
sable coûte de fret, de Fontainebleau à Paris,
quatre cents francs, en raison des frais de re-
montage des bateaux vides. En perfectionnant
la navigation, on réduirait les dépenses de moitié, et le temps, des quatre cinquièmes.

Les transports de la Bourgogne, de la Champagne à Paris, se feraient par eau plus facilement,
plus rapidement et à meilleur marché que par
terre. Alors les routes, réparées à peu de frais,
toujours bien entretenues, ne seraient plus cou-
vertes de voitures lourdes qui les détruisent et
ralentissent la marche des malles-postes et des
diligences.

Les barrages que nous proposons d'établir sur
la Seine ne sont pas seulement des améliorations
utiles, plusieurs circonstances les rendent indis-

pensables et doivent obliger l'administration de les ordonner.

L'État a dépensé ou dépensera cent cinquante millions pour ouvrir et terminer, avant 1834, les canaux de la Loire, du Cher, du Nivernais, de Bourgogne, de Monsieur, qui débouchent dans la Saône, l'Yonne et la haute Seine. Si la navigation de ces rivières n'était pas perfectionnée, ces canaux ne rendraient pas même les frais d'entretien. L'État perdrait, chaque année, huit millions, qu'il faudrait ajouter aux contributions publiques, pour acquitter les intérêts dus aux prêteurs.

En accordant à des compagnies la concession, à leurs frais et périls, des travaux projetés sur la haute Seine, le gouvernement, sans sacrifices, sans chances à courir, assurerait tout à la fois les approvisionnements de la capitale, le recouvrement des avances employées, l'achèvement des canaux commencés, et obtiendrait une économie considérable sur l'entretien des routes.

Maintenant il ne paraît plus possible d'ajourner les améliorations à faire sur la haute Seine, il ne reste plus que le temps de les terminer dans le délai fixé par les lois sur les canaux, et de prévenir les pertes du trésor et des dommages plus considérables qui seraient supportés par les négociants et le commerce.

Le nouveau système de barrage ne saurait être combattu comme inexécutable, et nuisible aux propriétés riveraines; l'expérience constate la supériorité du nouveau système sur les anciens; et l'examen du projet montre que le régime de la rivière ne sera point changé, qu'on sera maître de rétablir le débouché à volonté, et de l'augmenter à mesure que les eaux croîtront.

Ces barrages peuvent servir, par la manœuvre des écluses, à rompre la glace des rivières, et à prévenir les débâcles et les pertes qui en résultent.

Nous croyons avoir prévu les difficultés matérielles à vaincre dans l'exécution des travaux projetés, et nous avons la conviction de la réussite et de l'utilité de cette entreprise. Mais nous ne nous dissimulons pas les obstacles qui naissent de la législation et des formes administratives qui ont compromis beaucoup d'entreprises, et ruiné la plupart de ceux qui les ont tentées.

Dans ces temps inexplicables où la France semble s'arrêter entre le passé et ses funestes souvenirs, et l'avenir plein d'espérances, lorsqu'un ingénieur a conçu et long-temps étudié un projet utile, consulté l'expérience des plus habiles, et se croit certain du succès, sa tâche est à peine commencée; il faut ensuite qu'il persuade les capitalistes, qu'il entraîne ceux même à qui le pouvoir fait un devoir d'ordonner, d'encourager ; il faut qu'il sache prévòir les obsta-cles sans nombre à traverser ; qu'il résiste à mille épreuves, et que sa persévérance, loin de s'a-battre par les résistances, croisse avec elles.

Soutenu jusqu'ici par l'espoir de conduire à son terme une entreprise encouragée par les suf-frages d'hommes d'un mérite très-supérieur, nous trouvons les motifs et la force d'un nou-veau zèle dans la conviction que les liens admi-nistratifs qui enchaînaient la France vont tom-ber par l'excès de leur propre poids. Tout exci-tera bientôt l'émulation des Français ; l'ardeur de se rendre utile, une noble émulation et les sentiments les plus généreux feront recher-cher toutes les occasions de se distinguer.

Après avoir exposé l'ensemble des projets que nous proposons, et dont les détails sont achevés, nous tâcherons de répondre à quelques objec-tions qui pourront être faites. On dira :

1° *La galerie souterraine passant sous Mont-Rouge, et l'exécution d'un barrage sur la Seine, sont des ouvrages gigantesques qui demanderont des sommes et un temps incalculables, et dont l'achèvement est douteux.*

Depuis l'application aux travaux publics des machines à vapeur et des routes en fer, un in-génieur ose concevoir et peut exécuter, dans un délai et avec une somme donnés, tous les ouvrages jugés autrefois impraticables. Maintenant on est certain de faire les épuisements, de réunir, sur un point, les forces dont on a besoin, et de dominer les obstacles du terrain.

En exécutant le barrage sur la moitié de la rivière, on travaillera à sec comme loin de ses bords; les mortiers avec chaux hydraulique, prendront la consistance du rocher; le barrage sera indestructible.

Dans la galerie souterraine plusieurs puits seront ouverts, et les travaux d'épuisements, les transports des déblais, des matériaux des voûtes, seront faits par des machines à vapeur.

Nous avons visité plusieurs ouvrages plus étendus et plus difficiles, qui ont été exécutés avec une précision rigoureuse, dans le temps et aux prix fixés avant de commencer. La nature des rochers, traversés par le canal, leur gisement, sont favorables à l'exécution des travaux; et, dans ces lieux mêmes, des ouvriers font, pour leur compte et sans machines, en extrayant des pierres, des galeries souterraines beaucoup plus difficiles que celles qui sont projetées.

Une compagnie puissante craindrait-elle d'entreprendre, avec la ressource des machines à vapeur et des hommes expérimentés, ce que de simples ouvriers exécutent heureusement.

2° *Les barrages, arrêtant le cours du fleuve,*

feront refouler les eaux et inonderont les pro-
priétés riveraines; les glaces pourront entraîner
ces ouvrages, ainsi que plusieurs exemples le
font craindre.

Nous avons visité un très-grand nombre de
barrages construits dans des localités plus difficiles, nous en avons fait exécuter sur un fond
vaseux, sur des sables friables, sur des tourbes
profondes, et il ne s'est manifesté aucune avarie;
de tous ses ouvrages, un barrage sur la Seine
nous paraît le plus facile à établir et à préserver
d'accident; le sol est partout solide et composé
de gravier ferme ou de roches homogènes.

L'étendue du barrage, les écluses des extrémités, qui s'ouvrent avec facilité, laisseront au
fleuve le même débouché; il ne peut y avoir,
dans les crues, aucune perturbation, aucun danger pour les riverains; le niveau de la Seine sera
maintenu dans les sécheresses, à deux mètres au-
dessus de l'étiage. A mesure que les eaux s'éle-
veront, on ouvrira des écluses, et la surface
restera au même niveau.

Le barrage étant fixe et ouvert sur cent vingt
mètres, débouché plus grand que le pont de
Choisy, les glaces n'éprouveront aucun obstacle;
les maçonneries étant très-allongées, le fond ne
sera pas attaqué; nul accident n'est à craindre.

En manœuvrant chaque jour les écluses, lors-

que la rivière prendra, on fera rompre les glaces
que les courants entraîneront, et on n'aura plus
à redouter les désastres qui se renouvellent plusieurs fois chaque siècle.

3° *Il existe déja à Paris ou dans les environs
plusieurs gares qui ne sont point remplies : une
gare plus grande n'est donc point nécessaire.*

En fermant la rivière par une estacade fixe,
en resserrant son lit par le comblement d'un bras,
et par les piles des ponts, on a formé dans Paris
une gare immense. Mais les quartiers bas de la
ville, les plaines de Choisy, d'Ivry, sont inondés
dans les débacles. Les pertes, causées par cette
estacade établie par l'administration, devant être
remboursées par la ville de Paris, pourront s'é-
lever en quelques jours à plusieurs millions.

Si l'estacade est enlevée, ce qui semble indispensable, les gares actuelles ne suffiront point,
il faudra évidemment établir des bassins, des
ports intérieurs sur la rive gauche comme sur
la rive droite. La gare projetée est la seule possible près de Paris sur la haute Seine sur une
grande échelle; et il est probable qu'on la ju-
gera trop petite, lorsque les canaux entrepris seront achevés.

Des bateaux sont maintenant garés sur les rivières, sur les canaux, et attendent à dix et vingt
lieues plusieurs mois leur tour d'expédition.

Lorsqu'ils reçoivent l'ordre d'approcher, les eaux, ou trop hautes ou trop basses, les retiennent à de grandes distances, et font monter le prix des approvisionnements.

Il entre à Paris plus de bateaux que de navires à Londres; cependant on compte dans les environs de Londres vingt-deux docks spacieux, et à Paris trois gares seulement beaucoup plus petites.

4° *La gare d'Ivry se comblera comme les autres gares.*

Le courant établi, les portes mobiles qui permettent de donner des chasses, d'agir avec force sur les graviers déposés dans les docks, maintiendront une profondeur uniforme de trois mètres, et enlèveront dans une chasse tous les dépôts.

5° *Si cette gare eût été utile, elle serait depuis long-temps faite.*

Nous avons expliqué les obstacles qui ont empêché l'exécution des améliorations réclamées depuis des siècles par le commerce. Comment aurait-on proposé une entreprise qui n'est justifiée que par l'accroissement extraordinaire de Paris et par la construction de cinq grands canaux; lorsque tant de travaux, reconnus nécessaires et faciles, restent à finir et même à commencer?

Il arrive, par la haute Seine et par la Marne, vingt mille bateaux ou trains, et la gare projetée n'est destinée à en recevoir que sept cents : déja beaucoup de négociants ont demandé qu'on augmentât les dimensions qui sont proposées.

DU NOMBRE ET DE L'EMPLACEMENT DES BARRAGES A ÉTABLIR SUR LA SEINE.

La Seine recevant à Moret la rivière de Loing, prolongement des canaux de Briare et d'Orléans, et à Montereau, l'Yonne où débouchent les canaux de Bourgogne et de Monsieur, c'est principalement la navigation entre Paris et Moret qu'il est urgent d'améliorer.

La pente réduite de la haute Seine, entre Paris et Montereau, est d'un six millième, et son développement, entre le port à l'Anglais et Montereau, est de cent vingt-six mille mètres, avec la pente de vingt-un mètres.

On propose d'établir entre ces deux points huit barrages ayant chacun deux mètres de hauteur au-dessus de l'étiage, et ensemble seize mètres. La pente se trouvera réduite au quart, c'est-à-dire à un mètre par vingt-cinq mille mètres, pente des rivières canalisées que l'on remonte avec facilité. On donnera à la partie fixe du barrage cent vingt mètres de longueur, débouché plus grand que le pont de Choisy, et on établira de chaque côté cinq pertuis, chacun de six mètres d'ouverture, avec radier au niveau de l'étiage.

La vitesse étant réduite par la pente, le tirant d'eau sera maintenu, dans les plus basses eaux, à deux mètres, profondeur plus grande que celle des canaux, et suffisante pour les bateaux à vapeur.

On donnera aux canaux de dérivation, ouverts de l'amont à l'aval des barrages, une largeur de trente mètres dans le fond, et des talus de trois pour un, avec banquette de deux mètres à 0,^{m}.20 au-dessous du niveau de l'eau, dimensions et dispositions nécessaires pour prévenir les dégradations que cause dans les canaux étroits le mouvement des eaux au passage des bateaux à vapeur.

Le premier barrage sera placé au port-à-l'Anglais ; le second à Ablon, au-dessus de Villeneuve-le-Roi ; le troisième à Soisy-sous-Étiole ; le quatrième au-dessous de Morsan ; le cinquième à Boissière ; le sixième à Chartrelle, le septième à Valvin, et le huitième à Varennes.

Sur l'Yonne, entre Montereau et Auxerre, on construira huit barrages semblables ; la partie fixe sera réduite à quatre-vingts mètres, et on ne construira de chaque côté que trois écluses de six mètres chacune.

On établira le premier à Cannes ; le second à

Port-Renard; le troisième à Serbonne; le quatrième à Courtois; le cinquième à Verron; le sixième à Villevallier; [le septième à Sidroine, et le huitième à Regimes.

Pour évaluer les produits des droits de navigation à céder à la compagnie concessionnaire des travaux, nous donnons le tableau des droits de passe maintenant perçus sur la Marne, la Seine et l'Yonne; le relevé des bateaux passés, dans les dernières années, à Choisy et Alfort-Charenton; et les recettes présumées de ces bureaux.

Quelque grandes que soient les améliorations obtenues par ces ouvrages, pour la navigation descendante, on ne doit pas augmenter les droits de passe; il est juste toutefois de céder ceux qui sont maintenant perçus en rivière et au passage des ponts sur les bateaux descendants.

Mais la navigation ascendante pouvant être maintenant considérée comme nulle, il est nécessaire de concéder à la compagnie une partie des avantages procurés par le projet. On peut déterminer les dépenses moyennes payées par les bateliers pour remonter, et avant et après l'exécution des travaux, et donner à la compagnie une partie de la différence; les bateliers obtiendront en outre pour bénéfices l'économie de temps donnée pour le perfectionnement.

Il semblerait d'abord que le commerce des bois aurait peu à gagner de ces perfectionnements, puisque les trains arrivent sans dépenses apparentes; mais c'est ce service qui se trouvera plus particulièrement amélioré.

Le flottage et le long séjour dans l'eau du bois à brûler lui font perdre un cinquième de sa valeur, ou environ trois francs par stère; il en coûte aussi un franc de plus pour frais de déchargement, ou environ quatre francs par stère ; c'est donc pour ce commerce seulement une perte de quatre millions, que les travaux économiseront aux consommateurs de Paris.

Lorsque la remonte sera facile, la plupart des bois à brûler arriveront par bateau, et particulièrement des forêts de Fontainebleau et de celles qui bordent les canaux en communication avec la haute Seine. On peut donc fixer l'économie à obtenir au moins au quart de la somme fixée plus haut, ou à la somme d'un million.

Lorsque le service de la navigation entre Paris et Auxerre, et plus tard, entre Paris, Troyes et Châlons, sera mieux établi et plus rapide, au moyen de travaux analogues, les propriétés riveraines de ces rivières augmenteront ensemble d'une valeur de plus de cent millions par la facilité d'y arriver, d'y conduire des engrais de Paris, et d'en exporter les produits.

Tous les travaux nécessaires au perfectionnement de ces trois rivières peuvent être exécutés
dans un délai de trois années, ou en même temps
que l'achèvement des canaux du Nivernais, de
Bourgogne et de la Loire.

PIÈCES A L'APPUI.

ARRÊTÉS

DU 19 MESSIDOR AN XI.

(8 juillet 1823.)

1er ARRONDISSEMENT.

CHEF-LIEU, TROYES.

BUREAUX DE PERCEPTION.

Art. 1er. Il sera établi, dans l'étendue du premier arrondissement du bassin de la Seine, deux bureaux de perception pour l'octroi de navigation créé par la loi du 30 floréal an 10.

PREMIER BUREAU.

Art. 2. Le premier bureau sera placé à *Nogent-sur-Seine.*

L'octroi de navigation sera perçu à ce bureau pour toute la navigation supérieure descendante, et pour la même navigation en remontant, sans avoir égard au point de départ ni à celui de débarquement.

La perception s'y fera conformément au tarif qui suit, savoir :

En descendant,

par petit couplage passant au canal de Nogent.. 3 fr. 5o c.

par grand couplage........................ 4   5o

par barguette, toue et boutique de poisson... 6

par bateau marnois........................ 10

par train de bois de charpente et bois à brûler... 6

Chaque bateau chargé ou à vide paiera le tiers en remontant.

DEUXIÈME BUREAU.

Art. 3. Le second bureau sera placé à *Montereau.*

L'octroi de navigation sera perçu à ce bureau pour la navigation descendante de Nogent à Montereau, et pour la même navigation en remontant, sans avoir égard au point de départ ni à celui de débarquement.

La perception s'y fera conformément au tarif qui suit, savoir :

En descendant,

par petit couplage passant sous le pont de Montereau, ci... 2 fr. 5o c.

par grand couplage........................ 3   5o

par petit bateau, toue et barguette..... 5

par demi-bateau marnois............... 6

par bateau marnois...................... 9

par coche. . . . . 12 fr. 00 c.

par train de bois de charpente ou à brûler. 6

Chaque bateau chargé ou à vide paiera le tiers en remontant.

2ᵉ ARRONDISSEMENT.

CHEF-LIEU, AUXERRE.

BUREAU DE PERCEPTION.

Art. 1ᵉʳ. Il sera établi dans l'étendue du deuxième arrondissement du bassin de la Seine, un bureau de perception pour l'octroi de navigation créé par la loi du 3o floréal an X.

Art. 2. Ce bureau sera placé à Montereau. L'octroi de navigation sera perçu à ce bureau pour toute la navigation supérieure descendante, et pour la navigation en remontant, sans avoir égard au point de départ ni à celui de débarquement.

La perception s'y fera conformément au tarif qui suit, savoir :

En descendant,

par train de dix-huit coupons, passant sous le pont de Montereau, et entrant en Seine. . . 7 fr. 5o c.

par coche. 12

par bateau de 3o mètres de longueur et au-dessus. 12

par bateau de 20 à 30 mètres. . . . .   9 fr. 00 c.

par bateau de 10 à 20 mètres   6

tout bateau porte-hune, et boisot au-

dessous de 10 mètres, paiera.   3

Chaque bateau chargé ou à vide paiera le tiers en remontant.

3ᵉ ARRONDISSEMENT.

CHEF-LIEU, CHALONS-SUR-SAONE.

BUREAUX DE PERCEPTION.

Art. 1ᵉʳ. Il sera établi dans l'étendue du troisième arrondissement du bassin de la Seine, deux bureaux de perception pour l'octroi de navigation créé par la loi du 30 floréal an X.

PREMIER BUREAU.

Art. 2. Le premier bureau sera placé à Châlons.

L'octroi de navigation sera perçu à ce bureau pour toute la navigation supérieure descendante, et pour la même navigation en remontant, sans avoir égard au point de départ ni à celui de débarquement.

La perception s'y fera conformément au tarif qui suit, savoir :

En descendant,

6.

par bateau de 24 à 36 mètres et au-dessus. 19 fr. 5o c.

par bateau au-dessous de 24 mètres..... 9   75

par bachot de 8 mètres de longueur sur

   1 mètre 6o centimètres de largeur... 2

Les bachots d'une plus grande dimension paieront comme les bateaux au-dessous de 24 mètres,

par train de bois chargé, de 8o mètres

   de longueur sur 7 mètres de largeur. 19   5o

par train de bois non chargé, même dimension........................... 9   75

par coche........................... 12

Chaque bateau chargé ou à vide paiera le quart en remontant.

DEUXIÈME BUREAU.

Art. 3. Le second bureau sera placé à La Ferté.

L'octroi de navigation sera perçu à ce bureau pour toute la navigation descendante, depuis Châlons jusqu'à La Ferté, et pour la même navigation en remontant, sans avoir égard au point de départ ni à celui de débarquement.

La perception s'y fera conformément au tarif qui suit, savoir :

En descendant,

par bateau de 24 à 26 mètr. de longueur. 3o fr.

par bateau au-dessous de 24 mètres.... 12

par bachot de 8 mètres de longueur sur

   1 mètre 6o centimètres de largeur... 4

par train de bois de charpente et sciage,

chargé . . . . 27 fr. 00 c.

par train de bois de charpente et sciage,

non chargé. 12

par train de bois à brûler. 4

par coche. 12

Chaque bateau chargé ou vide paiera le quart en remontant.

4ᶜ ARRONDISSEMENT.

CHEF-LIEU, MELUN.

BUREAUX DE PERCEPTION.

Art. 1ᵉʳ. Il sera établi dans l'étendue du quatrième arrondissement du bassin de la Seine, deux bureaux de perception pour l'octroi de navigation créé par la loi du 3o floréal an X.

PREMIER BUREAU.

Art. 2. Le premier bureau sera placé à Alfort-Charenton. L'octroi de navigation sera perçu à ce bureau pour toute la navigation descendante depuis La Ferté jusqu'à Alfort, et pour la même navigation en remontant, sans avoir égard au point de départ ni à celui de débarquement, savoir :

En descendant,

par bateau de 24 à 26 mètres de longueur. 3o fr. oo c.

par bateau au-dessous de 24 mètres..... 18

par bachot de 8 mètres de longueur sur 1

m. 60 c. de largeur.................... 6

par train de bois de charpente et de

sciage, chargé...................... 32   5o

par train de bois de charpente et de

sciage, non chargé................. 17   5o

par train de bois à brûler............. 8

par coche........................... 12

Chaque bateau chargé ou à vide paiera le quart en remontant.

DEUXIÈME BUREAU.

Art. 3. Le second bureau sera placé à Choisy.

L'octroi de navigation sera perçu à ce bureau pour toute la navigation descendante, depuis Montereau jusqu'à Choisy, et pour la même navigation en re-montant, sans avoir égard au point de départ ni à celui de débarquement, savoir :

En descendant,

pour un bateau de 26 mètres et au-dessus.   8 fr. oo c.

pour le même bateau chargé de plus de

25 pièces ou cinquante feuillettes de

vin ou eau-de-vie................... 24

pour un bateau de 20 à 25 mètres..... 5

pour le même chargé de plus de 15 pièces

ou 3o feuillettes de vin ou eau-de-vie. 15

pour un bateau de 15 à 19 mètres....... 3

pour le même chargé de 10 pièces ou 20

    feuillettes de vin ou eau-de-vie . . . . . .   9 fr. oo c.

pour une toue.   4   5o

pour une toue chargée de 25 pièces ou

    5o feuillettes de vin ou eau-de-vie. . . . 13   5o

pour chaque grand ou petit couplage. . .   1   5o

pour chaque margotas et batelet. 7⁵

par train de bois à brûler, et par train de

    bois de sciage, charpente ou charron-

    nage.   3

par coche. 12

Chaque bateau chargé ou à vide paiera le tiers en remontant.

Le ministre de l'intérieur pourra , s'il le juge convenable, faire percevoir à Montereau le droit de 3 fr. par train, payable à Choisy, et, en ce cas, il sera compté du produit du droit par le receveur de Montereau à celui de Choisy.

. . . .

5ᵉ ARRONDISSEMENT.

CHEF-LIEU, PARIS.

———

BUREAUX DE PERCEPTION.

Il sera établi dans l'étendue du cinquième arrondissement du bassin de la Seine, cinq bureaux de perception pour l'octroi de navigation créé par la loi du 3o floréal an X.

Premier bureau,

Art. 2, Le premier bureau sera placé à Choisy. L'octroi de navigation sera perçu à ce bureau pour toute la navigation descendante, depuis Choisy jusqu'à Paris, et pour la même navigation en remontant, sans avoir égard au point de départ ni à celui de débarquement, savoir :

En descendant,

par bateau de 26 mètres de longueur et au-dessus.......................... 5 fr. oo c,

par bateau de 20 à 25 mètres inclusivement..,.......................... 2

par bateau de 15 à 19 mètres inclusivement............................ 1   5o

par toue et bascule à poisson.......... 2   25

par bateau margotas et batelet......... 1

par train de 18 coupons et de bois de sciage ou de charpente............ 3

par coche............................., 12

Chaque bateau chargé ou à vide paiera le tiers en remontant.

Deuxième bureau.

Art. 3. Le second bureau sera placé à Charenton ou Alfort.

L'octroi de navigation sera perçu à ce bureau pour

la navigation descendante, depuis Charenton jusqu'à
Paris, et pour la même navigation en remontant,
sans avoir égard au point de départ ni à celui de débarquement, savoir :

En descendant,

par bateau de 26 mètres de longueur et
  au-dessus........................... 4 fr. 00 c.
par bateau de 20 à 25 mètres inclusivement............................... 1   50
par bateau de 15 à 19 mètres inclusivement............................... 1
par chaque toue et bascule à poisson... 1   75
par bateau, margotas et batelet........   75
par train de 18 coupons et de bois de
  sciage ou de charpente............. 2
par coche............................. 12

Chaque bateau, chargé ou vide, paiera le tiers en
remontant.

Troisième bureau.

Art. 4. Le troisième bureau sera placé à Sèvres (1).

L'octroi de navigation sera perçu à ce bureau pour
la navigation remontante depuis Sèvres jusqu'à Paris,
et pour la même navigation en descendant, sans avoir
égard au point de départ ni au point de débarquement, savoir :

---

(1) Ce bureau a été transféré à Passy, par un décret du
8 janvier 1813.

par bateau foncet de 5o à 64 mètres de
longueur . . . . 7 fr. oo c.
par bateau foncet de 36 à 48 mètres. . . . 6
par bateau de 26 mètres de longueur et
au-dessus. 5
par bateau de 20 à 25 mètres. 2
par bateau de 15 à 19 mètres. 1   5o
par toue et bascule à poisson. 2   25
par bateau margotas et batelet. 1
par train de 18 coupons et de bois de
sciage et de charpente. 3
par galiote ou coche. 3
Les bateaux non chargés paieront le tiers.

QUATRIÈME BUREAU.

Art. 5. Le quatrième bureau sera placé à Neuilly.
L'octroi de navigation sera perçu à ce bureau pour
la navigation remontante depuis Neuilly jusqu'à Sèvres, et pour la même navigation en descendant,
sans avoir égard au point de départ ni à celui de débarquement, savoir :
par bateau foncet de 5o à 64 mètres de
longueur . . . . 3 fr. 5o c.
par bateau foncet de 36 à 48 mètres, . . 3
par bateau de 26 mètres de longueur et
au-dessus. 2   5o
par bateau de 20 à 25 mètres. 1
par bateau de 15 à 19 mètres.   75
par chaque toue et bascule à poisson. . . 1

par bateau margotas et batelet......... o fr. 5o c.
par train de 18 coupons et de bois de
   sciage et de charpente............. 1   5o
Les bateaux non chargés paieront le tiers.

Cinquième bureau.

Art. 6. Le cinquième bureau sera placé au Pecq.
L'octroi de navigation sera perçu à ce bureau,
  1° Pour la navigation remontante du Pecq à Neuilly;
  2° Pour la même navigation en descendant, savoir :
par bateau foncet de 5o à 64 mètres de
   longueur....................... 15 fr. oo c.
par bateau de 36 à 4o mètres........ 13
par bateau de 26 mètres et au-dessus.... 11
par bateau de 2o à 25 mètres......... 4   5o
par bateau de 15 à 19 mètres......... 3   5o
par chaque toue et bascule à poisson... 5   25
par chaque bateau margotas et batelet.. 2
par train de 18 coupons et de bois de
   sciage ou de charpente............ 7
Les bateaux non chargés paieront le tiers.

CONTRIBUTIONS INDIRECTES.

ÉTAT présentant le nombre et l'espèce des bateaux et trains soumis au droit de navigation dans le bureau de Choisy-le-Roi, pour la navigation descendante depuis Choisy jusqu'à Paris, pendant les années ci-après désignées.

ANNÉES.	5ᵉ ARRONDISSEMENT. Navigation descendante de Choisy à Paris, désignation des bateaux, etc.							TOTAUX.
	de 26 mèt. et au-dessus.	de 20 à 25 m. inclusivement.	de 15 à 19 m. inclusivement.	Toues et bascules à poisson.	Bateaux, margotns et batelets.	Trains de bois de sciage et charpente de 18 coupons.	coches.	
1820	1182	309	305	6449	5441	4334	150	18,170
1821	1175	207	263	5781	5276	4438	251	17,391
1822	1465	264	260	5996	5740	3972	253	17,950
1823	1226	211	231	7020	4669	4836	214	18,407
1824	1314	195	344	7237	4624	5142	212	19,068
1825	1466	265	352	6117	6117	4591	182	19,090
1826	1604	267	403	7834	5260	5153	161	20,682
1827 (1)	1418	341	539	7012	4550	4576	91	18,527
TOTAL..	10,850	2059	2697	53,446	41,677	37,042	1514	149,285
ANNÉE moyenne.	1386	287	337	6683	5209	4630	189	18,681

Les renseignements manquent pour 1815, 1816, 1817, 1818 et 1819.

Le présent état est certifié par le directeur de la banlieue de Paris, soussigné.

Paris, le 8 août 1828.   *Signé* CHOLEY.

(1) Dans les six premiers mois de 1828, il est arrivé 9155 bateaux et 3027 trains.

CONTRIBUTIONS INDIRECTES.

ÉTAT du nombre et de l'espèce de bateaux et trains soumis au droit de navigation dans le bureau d'Alfort, pour la navigation descendante depuis Charenton jusqu'à Paris, pendant les années ci-après désignées.

5ᵉ ARRONDISSEMENT.

Navigation descendante de Charenton à Paris. Bateaux.

ANNÉES.	de 26 mèt. et au-dessus.	de 20 à 25 m. inclusivement.	de 15 à 19 m. inclusivement.	Toues et bascules.	Bateaux margotas et batelets.	Trains de bois, scinge et charpente.	cochus.	TOTAUX.
1820	547	140	1	11	136	791	....	1626
1821	554	129	1	11	119	850	....	1664
1822	418	109	3	10	83	959	....	1582
1823	492	90	....	17	62	885	....	1546
1824	457	59	....	20	28	796	....	1360
1825	459	81	2	21	26	1065	....	1654
1826	544	91	4	17	39	1074	....	1769
1827	400	74	4	12	112	673	....	1275
TOTAL..	3871	773	15	119	605	6093	....	12,476
ANNÉE moyenne.	495	96	2	15	75	886	....	1559

Le présent état est certifié par le directeur de la banlieue de Paris, soussigné.

Paris, le 8 août 1828,   *Signé* CHOLEY.

NAVIGATION INTÉRIEURE.

BUREAU DE NEUILLY.

BASSE SEINE.

CONTRIBUTIONS INDIRECTES.

ÉTAT présentant le nombre et l'espèce des bateaux et trains soumis au droit de navigation dans le bureau de Neuilly, pour le droit de navigation à la remonte depuis Neuilly jusqu'à Paris, pendant les années ci-après désignées.

ANNÉES.	BATEAUX CHARGÉS							BATEAUX VIDES						TOTAUX.
	de 50 à 64 mètres.	de 36 à 49 mètres.	de 26 à 35 mètres.	de 20 à 25 mètres.	de 15 à 19 mètres.	Toues et bascules à poisson.	Margotas, flûtes et batelets.	de 36 à 49 mètres.	de 26 à 35 mètres.	de 20 à 25 mètres.	de 15 à 19 mètres.	Toues et bascules.	Margotas, flûtes et batelets.	
1824	10	177	135	10	4	2	4	5	4	5	3	55	4	418
1825	3	824	183	20	11	1	49	6	7	2	2	82	8	1198
1826	2	779	216	14	27	......	69	10	9	......	......	77	1	1204
1827	......	626	94	13	12	......	19	1	2	1	3	58	......	829
Total..	15	3006	628	57	54	3	141	22	22	8	8	272	13	3649
Année moyenne.	4	752	157	14	14	1	35	5	5	2	2	68	3	912

On n'a pu se procurer au bureau de Neuilly aucuns renseignements sur les années antérieures à 1824.

Le présent état est certifié par le directeur de la banlieue de Paris, soussigné.
Paris, le 8 août 1828 , *Signé* CHOLEY.

CONTRIBUTIONS INDIRECTES.

ÉTAT du nombre et de l'espèce de bateaux et trains soumis au droit de la navigation au bureau de Passy, et arrivés à Paris depuis et compris 1815 jusqu'à 1827 inclusivement.

ANNÉES.	BATEAUX IMPOSÉS A LA REMONTE					Bateaux, margotas et batelets.	Trains de dix-huit coupons.	TOTAUX.
	de 50 à 64 mètres.	de 36 à 48 mètres.	de 26 à 36 mètres.	de 20 à 25 mètres.	de 15 à 19 mètres.			
1816	1	....	1	2	24	29	....	57
1817	....	3	1	1	2	238	....	245
1818	....	4	3	4	2	275	....	288
1819	....	19	2	8	4	253	....	286
1820	....	7	5	7	5	226	....	250
1821	....	5	7	2	10	315	....	339
1822	....	20	14	12	20	262	....	328
1823	....	22	16	7	12	221	....	278
1824	....	15	12	4	2	92	....	125
1825	....	15	39	11	218	196	....	479
1826	....	12	64	8	376	277	....	737
1827	....	7	23	9	97	286	....	422
TOTAL...	1	129	187	75	772	2770	....	3834
ANNÉE moyenne.	1	11	12	6	65	231	....	319

Le présent état certifié par le directeur soussigné.

Paris, le 5 août 1828,   *Signé* NIGON DE BERTY.

Nota. Il n'existe aucuns documents à la direction sur les arrivages de 1815.

ÉVALUATION

DU MONTANT DES DROITS DE NAVIGATION,
POUR UNE ANNÉE MOYENNE.

DÉSIGNATION DES BATEAUX.	NOMBRE des bateaux.	TARIF des droits.	SOMMES perçues.
MARNE.			
BUREAU D'ALFORT, POUR LA DESCENTE DE LA FERTÉ A ALFORT ET A PARIS.		F. C.	F.
Bateaux de 26 mètres et au-dessus.............	495	34 00	16,830
Bateaux de 20 à 25 mètres inclusivement.........	96	19 50	1,872
Bateaux de 15 à 19 mètres inclusivement.........	2	13 00	26
Toues et bascules..........................	15	19 00	285
Bateaux margotas et batelets................	75	8 75	657
Trains de bois de sciage et charpente.	886	27 00	23,922
Totaux.............	1569		43,592
HAUTE SEINE.			
BUREAU DE CHOISY, POUR LA DESCENTE DE MONTEREAU A CHOISY ET A PARIS.			
Bateaux de 26 mètres et au-dessus.............	1386	16 00	22,176
Bateaux de 20 à 25 mètres inclusivement.........	287	10 00	2,870
Bateaux de 15 à 19 mètres inclusivement.........	337	8 00	2,696
Toues et bascules à poisson.	6683	9 00	70,147
Bateaux margotas et batelets.	5209	2 00	10,418
Trains de bois de charpente, de sciage, de 18 coupons	4630	6 00	27,780
Coches...............................	189	24 00	4,536
Totaux.............	18,721		140,623

Nota. N'ayant pu nous procurer le tableau des recettes, nous les avons calculées d'après les relevés officiels des arrivages et les tarifs ci-joints des droits de navigation pour une année moyenne.

BASSE SEINE.

DÉSIGNATION DES BATEAUX.	NOMBRE des bateaux.	TARIF des droits.	SOMMES perçues.
BUREAU DE SÈVRES.		F. C.	F. C.
Bateaux de 36 à 48 mètres de longueur..........	11	6 00	66 00
Bateaux de 26 à 36 mètres de longueur..........	12	5 00	60 00
Bateaux de 20 à 25 mètres de longueur..........	6	2 00	12 00
Bateaux de 15 à 19 mètres de longueur..........	65	1 50	957 00
Bateaux margotas et batelets.	231	3 00	693 00
Trains de 18 coupons.....................	»	»	»
Totaux............	325		1805 00
BUREAU de NEUILLY.			
Bateaux de 50 à 64 mètres de longueur.	4	3 50	14 00
Bateaux de 34 à 49 mètres de longueur.	752	3 00	2256 00
Bateaux de 26 à 35 mètres de longueur.	157	2 50	392 50
Bateaux de 20 à 25 mètres de longueur..........	14	1 00	14 00
Bateaux de 15 à 19 mètres de longueur	14	0 75	10 50
Tones et bascules à poisson.	1	1 00	1 00
Margotas, flûtes et batelets.	35	0 50	17 50
Bateaux vides...................	105	0 80	84 00
Totaux............	1082		2789 50

TABLE DES MATIÈRES.

FIN.

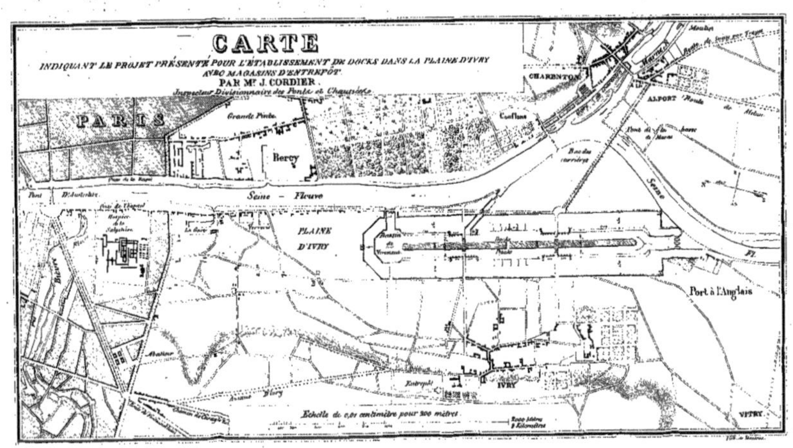

CARTE
INDIQUANT LE PROJET PRÉSENTÉ POUR L'ÉTABLISSEMENT DE DOCKS DANS LA PLAINE D'IVRY
AVEC MAGASINS D'ENTREPÔT.
PAR Mr J. CORDIER.
Inspecteur Divisionnaire des Ponts et Chaussées.
PARIS
Grande Pinte
Bercy
Conflans
CHARENTON
ALFORT
Route de Melun
Pont de la barre de Marne
Bac du carrière
Seine
Fl.
Port à l'Anglais
Pont D'Austerlitz
Cour de l'hôpital
Hospice de la Salpêtrière
La Gare
Bievre
Seine — Fleuve
PLAINE D'IVRY
Bassin de Mouvement
Ivry
Entrepôt
IVRY
VITRY
Bercy
Échelle de 0,01 centimètre pour 200 mètres
Route latérale
2 kilomètres

de Florence. Il en eut trois fils et trois filles.

Les fils naquirent tous à Fontainebleau. Le premier nommé *Louis*, vint au monde le 27 de septembre de l'an 1601, à onze heures du soir : il fut roi après lui et porta le surnom de *Juste*. Le second naquit le 16 d'avril 1607 : il eut le titre de duc d'Orléans, mais point de nom, parce qu'il mourut avant que la cérémonie de son baptême eût été faite, l'an 1611. Le troisième prit naissance le 26 d'avril 1608 : son nom fut *Jean-Baptiste Gaston*, et son titre *duc d'Anjou*; mais le second fils étant mort, on lui donna celui de duc d'Orléans, qu'il a porté jusqu'à sa mort, qui arriva l'année 1660.

L'aînée des filles naquit à Fontainebleau, le 22 de novembre 1602. Ainsi elle fut la seconde des enfans : on la nomma *Elisabeth* ou *Isabeau*. Elle a été mariée à Philippe IV, roi d'Espagne, et est morte il y a quelques années. C'était une princesse de grand cœur, et qui avait de la vigueur et de la cervelle au-delà de son sexe. Les Espagnols disaient pour cela que c'était la fille de Henri le Grand. La seconde naquit au Louvre, à Paris, le 10 février 1606. On lui donna le nom de *Christine*. Elle épousa Victor-Amédée, pour lors prince de Piémont, et depuis duc de Savoie, l'un des princes du monde qui avait le plus de capacité et de

Henri sur le trône, il trouve mille difficultés effroyables; la ligue en tête, les serviteurs du défunt roi peu affectionnés, les grands tendant à leurs fins particulières. La religion se ligue contre lui; au dehors, le pape, les Espagnols, le Savoyard, le Lorrain; au dedans, d'un côté les peuples et les grandes villes, et de l'autre les huguenots qui le tourmentaient par leurs défiances continuelles. Il ne peut avancer un pas sans trouver un obstacle; autant de journées, autant de combats. Ses sujets s'efforcent de l'accabler comme un ennemi public; et lui s'efforce de les regagner comme un bon père. Dans son cabinet, dans son conseil, ce ne sont que déplaisirs et amertumes causés par une infinité de mécontentemens, d'infidélités, de pernicieux desseins qu'il découvre, de moment en moment, contre sa personne et contre son état. Chaque jour, double combat, double victoire; l'une contre ses ennemis, l'autre contre les siens, usant de prudence et d'adresse quand la générosité ne lui pouvait servir.

Il fait voir à Arques qu'il ne peut être vaincu, à Ivry qu'il sait vaincre. Partout où il paraît, tout cède à ses armes; la ligue perd tous les jours des places et des provinces; elle est battue par ses lieutenans au loin comme elle l'est par lui-même dans le cœur du royaume. Il eût forcé Paris, s'il eût pu dre à le perdre; en l'épargnant, il le gagna

www.ingramcontent.com/pod-product-compliance
Ingram Content Group UK Ltd.
Pitfield, Milton Keynes, MK11 3LW, UK
UKHW022247120726
13694UKWH00003B/995